大教育三部曲

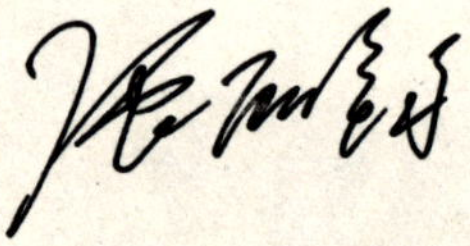

中国学生缺什么

QUE SHENME

张丽钧 著

北京大学出版社
PEKING UNIVERSITY PRESS

图书在版编目(CIP)数据

中国学生缺什么/张丽钧著. —北京：北京大学出版社，2012. 11
ISBN 978-7-301-21318-6

Ⅰ. ①中… Ⅱ. ①张… Ⅲ. ①学生－家长－教育－美文 Ⅳ. ①G630-53

中国版本图书馆 CIP 数据核字(2012)第 230503 号

书　　名：中国学生缺什么
著作责任者：张丽钧　著
策 划 编 辑：王炜烨
责 任 编 辑：王炜烨
标 准 书 号：ISBN 978-7-301-21318-6/G・3509
出 版 发 行：北京大学出版社
地　　址：北京市海淀区成府路 205 号　100871
网　　址：http://www.pup.cn　电子信箱：zpup@pup.pku.edu.cn
电　　话：邮购部 62752015　发行部 62750672　编辑部 62750673
出版部 62754962
印 刷 者：三河市博文印刷有限公司
经 销 者：新华书店
650 毫米×980 毫米　16 开本　18.5 印张　193 千字
2012 年 11 月第 1 版　2017 年12月第 3 次印刷
定　　价：33.00 元

目　录

第一编　中国学生的失与得

第二编 中国家长的是与非

第三编 中国教育的情与理

第一编

中国学生的失与得

孩子被偷走了什么

意大利瑞吉欧教育系统的创始人马拉古兹曾写过一首题目为“其实有一百”的诗，诗中写道：

孩子是由一百组成的
孩子有一百种语言
一百只手
一百个念头
一百种思考问题的方式
还有一百种聆听问题的方式
惊讶和爱慕的方式
一百种欢乐
去探索，去发现

一百个世界，去发明

一百个世界，去梦想

孩子有一百、一百、再一百

但被偷走了九十九

学校和文明

将孩子和身心分离

他们告诉孩子

不需用手操作，无须用脑行事

只要听，不必说

理想世界不必伴随快乐……

我们禁不住要问：究竟是谁、用怎样的方式偷走了孩子的九十九？那被偷走的，到底是什么？

孩子被偷走了“野气”

有个好听的儿歌唱道“排排坐，吃果果……”，描写的是幼儿园小朋友吃水果时的情形。大家不吵不闹不拥不挤，乖乖坐成一排，蔫不唧地吃水果。

我去过一家幼儿园，丰富漂亮的玩具都放在玻璃展橱里，每一件都完好无损；孩子们背着小手齐声背诵唐诗。我想起发生在自己孩子的幼儿园里的一件事：有个男孩，十分顽皮，什么样的玩具到了他手里就变得不再结实了。一次，他偷偷拆卸了一辆崭新的玩具小汽车，把阿姨气坏了。阿姨责问他为什么要拆烂了这个汽车，他边哭边说，我看它跑得那么快，想知道里面藏着个什么样的司机……

有人说，玩具是孩子的天使。我想，如果“天使”有知，大概宁愿粉身碎骨于孩子的手下，也不愿意躺在铺了红丝绒的玻璃展橱里长命百岁吧？

孩子的心是用“好奇”做成的，他对一切事物感兴趣。有时候，他会做出一些在大人看来显得十分荒唐鲁莽的举动，但那总比“我们都是木头人，不会说话不会动”强上一万倍吧？

一说到“历史博物馆”，我们总会觉得那是个沉静、肃穆的地方。但是，韩国的清州历史博物馆却扭转了我认识的偏差。清州历史博物馆一剖为二，一边展览着价值连城的出土器物，另一边展览的则是那些器物的复制品。你可以拿起任何一件复制品，仔细端详，随意把玩，甚至可以敲敲打打。在这家博物馆，我们遇到了许多小学生。他们有的在敲打类似编钟的乐器，有的在陶器间用和好的陶土制作陶艺，最惹我们注意的是几个沾了满手油墨的孩子，他们连吵带闹地在临摹大师的画作。我想，我们国家的博物馆，可能自从落成那天起就没这么“闹”过吧？

会撒欢、会撒野的孩子才是真正的孩子。吃水果时不考虑坐姿，玩玩具时随心所欲，到了博物馆里也不受拘束，想怎么闹就怎么闹，这才符合孩子的天性啊！

孩子被偷走了“稚气”

一个父亲愤怒地向我讲述了发生在他家孩子身上的一个真实故事：那是个喜欢画画的小学一年级男生，一天上课的时候，男生偷偷拿出了他画的一个卡通人物独自欣赏，眼尖的女老师发现他低头鼓捣着什么，便冲过去一把攥住了孩子的手。当她看到他画的卡通人物是个女性且穿着低胸衣时，她大叫起来：哎呀！哎呀！同学们，想不到咱们班出了个流氓啊！那个父亲也被叫到学校去解决发生在孩子身上的“严重问题”。“我想控告孩子的班主任！”那个愤怒的父亲对我说，“孩子只不过是照着卡通书上的人物画了幅画，就被老师不由分说地扣上了‘流氓’的帽子，这叫什么事！知道吗？我儿子回家后一直哭，跟他妈妈和我说：我不是流氓！我不当流氓！唉……”

我难过得说不出话。我想，这场羞辱带给这个学生的心灵创伤可能是终生难愈的。天真的孩童，一夜之间就失尽了烂漫。从此以后，一个肮脏的词语会毒虫般时时来噬啮孩子无辜的心灵。

我们学校的老师都知道这样一个教育案例：天热了，校长把学生带到海边去玩。学生都乐疯了，连极胆小的都下了水。最后，大家兴尽上岸。这时，发生了一件事，把校长吓得目瞪口呆。原来，那些一二年级的小女生上得岸来，觉得衣服湿了不舒服，便当众把衣裤脱了，在那里拧起水来。光天化日之下，她们竟然造成了一小圈天体营。校长第一个冲动便是想冲上前去喝止——但，好在，他等了几秒钟。这一等，太好了。他发现四下里其实并没有任何人大惊小怪。高年级的同学也没有人投来异样的眼光，傻傻的小男生更不知道他们的女同学不够淑女，海滩上一片天真欢乐。小女孩做的事不曾骚扰任何人，她们很快拧干了衣服，重新穿上——像船过水无痕，什么麻烦都没有留下。我由衷敬佩这位校长，他用自己的天真解读孩子的天真，用自己的稚气解读孩子的稚气，他获得了满分。他没有像那个女教师那样，把不是问题的问题人为地整成了“严重问题”，这，就是他的高明之处啊！

孩子被偷走了“硬气”

我们学校每一届新生都要搞军训，为的是培养学生“纪律至上”和“吃苦光荣”的精神。军训的时间大概是一周左右，军训结束之后，要举行“阅兵式”，届时邀请家长前来参观。

几乎每年的军训阅兵式上都有家长令人咋舌的“亲子表演”（我校一语文教师戏称为“舐犊展览”）。阅兵式在学校的大操场上举行。烈日当空，溽暑难耐。塑胶操场被烤得软塌塌的，散发出一股难闻的焦糊味。同学们穿着整齐的军装，军容威严，军姿挺拔，精神抖擞地等待着“首长”的检阅。这时候，有个母亲拿着一瓶冰镇矿泉水从树荫里跑出来，英勇地冲到一个“战士”前面，从容地给他喂起水来。全场哗然。教官目瞪口呆地看着发生在眼前的这一切，竟忘了喊口令。那个母亲刚撤回去，又有个母亲冲上前来，往孩子手里塞了一根冰棍，孩子又羞又恼，却又不便发作，噌地把冰棍扔出了场外，惹得大家低声笑起来。最让人难以置信的是，有一个母亲，在女儿头上撑着一把小花伞，执意要陪着她踢正步！女儿急得哭了，这个母亲这才咕哝着不情愿地离开。

这些家长，用“母鸡的爱”精心呵护着自己的雏鸡。在他们眼里，孩子是长不大的宝贝，需要他们时刻惦念着吃、喝，冷、热。他们不给予孩子亲近痛苦的机会，残忍地剥夺了孩子挨饿的权利、忍渴的权利、受冻的权利、耐热的权利，还毫不脸红地把这唤做“爱”。他们不晓得，自己正在全力为社会打造着一件“易碎品”。

“为国育儿。”我由衷地喜欢这个表述。孩子奔赴了命运的邀召，成为我们的儿子或女儿，但他不是我们的私有财产，我们不能随心所欲地去娇宠他、溺爱他，相反，我们应该狠下心来，看着他去吃一些苦头、犯一些错误、流一些眼泪，甚至摔一些跤、洒一些血。要知道，他需要用硬拼来给自己的骨骼增添硬气，也需要通过品尝苦味去获取对苦难的免疫。

孩子被偷走了“锐气”

第21个教师节到来的时候，我订阅的一份国家级教育杂志封面上有一个大字号的标题：“人民教师，无尚光荣”。看到这个标题，我在心里笑了一下，知道“无尚”其实是“无上”的误用，但却无心去跟这份杂志较真儿。后来，有个班要办一期庆祝教师节的板报，几个同学便来向我借阅相关资料，我随手就将那期杂志给了他们。晚自习的时候，那几个同学抢着告诉我说，他们看到封面上那个“无尚”，一致认为是用错了，便按照杂志上公布的编辑部电话给编辑打了个电话。接电话的是个女编辑。他们告诉她说，他们查了《现代汉语词典》，上面根本没有“无尚”这个词，只有“无上”，当“最高”讲。他们说：“阿姨，你们一定是弄错了！应该在下期杂志上更正一下。”那个“阿姨”说：“一开始，我们也觉得好像有问题，但是，新华社的通稿用的就是高尚的‘尚’，而不是上下的‘上’，因为领导讲话的原稿上就是那么写的……”有个同学问我：“老师，那我们要是在卷子上把‘无上光荣’的‘上’写成高尚的‘尚’，给分吗？”我说：“那要看谁阅卷了。要是那个领导或者那个编辑阅卷呢，可能就给分；要是我阅卷呢，可能就不给分。”

说真的，我为我这样的回答感到羞耻！

我想，倒退二十多年，我也许会像他们那样血气方刚地为真理而战，我会为我勇敢的“怀疑”而得意，并且，我愿意用实际行动捍卫自己的“怀疑”；但是，我现在已懒得这样做，我知道在“谬误”那里，有100件华丽的“真理”外衣已然缝制完毕，如果我再坚持管“谬误”叫“谬误”，就显得很不合时宜。

可我多么害怕，害怕孩子们会重复我的轨迹，害怕他们会被慢慢磨光了锐气，害怕他们看到谬误时，仅仅是“在心里笑了一下”，然后就去忙其他的事情了，或者，他们再也懒得去努力分辨真理和伪真理，“反正分辨了也没用”——我多么害怕他们会垂头丧气地这么说！

亚里士多德说过：“吾爱吾师，但吾更爱真理。”我也巴望着我们的教育能够打造出一批敢于说“吾爱吾官，但吾更爱真理”的人。

教育的伤口

比脆弱更可怕的

应邀参加全国高考作文阅卷工作。

面对“战胜脆弱”这个题目，考生们写下了自己的故事和感慨，18岁的心在薄薄的纸页上跳得很生动。有一篇作文甚至赚走了我的眼泪——不幸的小作者在踏进高考考场前相继失去了父母。原本爱唱爱笑的她一下子成了“秋后的蝉”。她终日以泪洗面，很快变得“形销骨立”。她不敢也不愿回到那“曾被幸福诠释过的家”……后来，慈母心肠的班主任老师便搬来与她同住。老师用她无私的爱帮女孩战胜了脆弱。7 月 6 日是女孩的生日，老师请来了女孩所有的朋友和女孩共度良宵。席间，老师送给女孩一件印有“18 岁，你好”的文化衫。女孩接过礼物，禁不住热泪沾衣，哽哽咽咽地为老师奉上了一首发自肺腑的歌《长大后，我就成了你》……

我的心被征服了。不知不觉间，泪水就滴到了试卷上。

后来，我又读到了好几篇“父母双亡”的作文，却再也陪不起泪水了。晚上用餐的时候，阅作文卷的老师们议论纷纷：现在的孩子真够可以的，为了作文能得高分，不惜拿父母开刀，大笔一挥，就把二老给“灭”了。有个姓马的老师说：我判的一本(30 份)作文里，有 6 篇都是写“父母双亡”的。

我的心悚然一惊——上帝，我宁愿 18 岁的孩子与脆弱为伴，也不愿他们拥有这令人寒心的“坚强”。

比贫穷更可怜的

我在《冰点》专刊上读到了这样一篇文章：暑期，中国科利华教育软件公司组织了一个中学生赴美夏令营。16 个小营员分别被安置进了美国的普通家庭。他们在自己的临时家庭中被临时父母百般呵护、关爱着。一个“老美”动情地夸赞这些黑眼睛黄皮肤的孩子，说他们是“中国派出的最好的大使”。但在某个临时家庭中却发生了一件令人不愉快的事：孩子的父母居然从中国打来了“对方付费”的越洋电话，令美国家长尴尬万分。

我的心倏地凉到了冰点。

我悲哀地想：如果可能，我多么希望以一个并不富裕的中学教师的名义，为自己不争气的同胞交付这笔电话费。我没有很高的境界，有时甚至还爱讲一两句落后的话，我只是怜惜那个无辜的孩子，不忍心看一对饮食男女用一个看似精明的小手腕毁掉了“中国大使”高与天齐的尊严。

比无知更可悲的

我的一位同乡师大毕业后来这座城市找工作。我给他推荐了一所教学质量和经济效益都不错的名校。试讲完毕，他找到我说：“校方很满意，可是……我想再换一个地方试试。”我讶然地望着他。他只是一味地苦笑，不做任何解释。我于是推荐他来我所任教的学校试讲。试讲非常成功，教室里掌声不绝，校长当场就拍板要他。我逗他说：“小子，你可真成了抢手货啦！何去何从，早做决断啊。”他笑笑说：“我想妥了，就在这里干——麻烦你去给我联系一间宿舍吧。”

就这样，小同乡成了我的同事。

后来他对我谈起了到那所众人仰慕的名牌学校试讲的事：“那节课我自觉发挥得很好，但却没有收到预期的效果。课堂气氛沉闷不堪，那些优等生个个像座木偶；最令人不能容忍的是，学校居然有一条硬性规定：上课不许鼓掌，违者必罚——我想，无知固然可悲，然而，扼杀激情，剿灭率真，鼓励冷漠，不是更可悲吗？”

比偷窃更可耻的

那是一场数学毕业会考。我从一个女生的腿间搜出了一台 BP 机，揿一下按钮，显示屏上出现了“账号 243112……”的字样。我于是把那个女生带到了政教处，师生二人有了如下一段对话。

“你知道 BP 机是严禁带入考场的吗?”

“知道。”

“你是怎样把 BP 机带入考场的?”

“装在这儿(指胸部)。”

“‘账号 243112’是什么意思?”

“就是答案 BDCAAB。”

“你选用的是哪种信号提示方式?”

“震动。”

“谁给你提供的答案?”

沉默。

“你怎能这样不自重呢？要知道，这可是一种比偷窃还要可耻的行为呀！再说，那些题并不难，你应该相信凭着自己的能力是完全可以做对的。”

“我没……把握。”

“你还想参加下一场考试吗？——想？那好，BP 机扣下……”

“老师，我保证下场考试决不作弊了。(流泪)我……我爸爸是教数学的，别的科他也没把握。”

我无言以对——我面对的是另一位老师。我面对的是新技术对老教育的袭扰。我面对的是分数与人格的搏杀。

未来,在尚未走近我们时,已流失了许多美好。

孩子们绕开了什么

雨后初晴,幼儿园的阿姨带着一队天真烂漫的孩子走在马路上。路上有许多小水洼,阿姨绕开水洼往左走,孩子们于是也跟着往左绕;阿姨朝右拐,孩子们则跟着朝右拐。看着这一支走成了S型的队伍,路人没有表现出惊奇,但是,一个心理学家却发出了深深的喟叹,他禁不住要问:我们到底要带着孩子们绕开什么?

绕开苦难

安徒生的童话《丑小鸭》被选进了小学语文教材。原作写鸭妈妈孵“丑小鸭”都孵得“不耐烦”了,她看着这个丑陋的“大个子”,觉得他“不正常”,当他的兄弟、姐妹们都对他喊“让猫抓走你吧,你这个丑八怪”的时候,鸭妈妈终于下决心驱逐他了。她说:“你最好走得远远的吧!”显然,在大师的笔下,鸭妈妈并不是一个死心塌地地爱着自己孵出的这个“异类”的伟大母亲。而我们的教材根本无视原作对鸭妈妈这一角色的定位,一厢愿地改写成了“丑小鸭来到世界上,除了鸭妈妈疼爱他,谁都欺负他……丑小鸭感到非常孤单,就钻出篱笆，离开了家”。

或许，改写者的初衷是好的，不愿让涉世未深的孩童看到人世的种种苦难。但是，苦难是这样如影随形地追击着我们，我们不直面它，又怎能迎击它？

绕开真实

小学语文教材上有这样一个要求学生续写的作文练习：一天早晨，我穿着新衬衣去上学，结果，意想不到的事情发生了——

一个叫溪溪的女孩拿着她不及格的作文哭了。我看了看溪溪的作文，大概是写她的同桌不小心在她的新衬衣上蹭上了圆珠笔油。老师的批语是：“选材没有积极意义，故事太平淡。”我问溪溪：“你们班有写得好的吗？”她说：“有。比如，有一个同学写他在公共汽车上跟小偷搏斗，结果，小偷把他的新衬衣给撕破了……这篇作文得分最高；还有一个女同学得分也挺高，写她扶一个老奶奶过马路，老奶奶突然就吐了，结果吐到了她的新衬衣上……”

我对溪溪说：“你的作文写得比这两篇高分作文要好得多，因为你的作文真实。你想想看，公共汽车上的小偷那么凶，他怎么会只撕衣服不撕人？大马路那么宽，老奶奶恶心了怎么会专门往人的新衣服上吐？”

这是个鼓励人编造谎言的作文题目！

绕开丑恶

我有个朋友编写小学语文乡土教材，他让我推介一些诗歌给他。我说:“先给你读一首诗,看看可不可以入选。”

我姐姐
不学好
想到什么说什么
喜欢什么做什么
一点不在乎
十岁上
她把刀塞在皮腰带上
梦想成为
白马王子
扮成玩偶小马
她扬起长长头发
一直拖到膝下
吸引了当地最佳精英
妈妈哭泣为她祈祷
三十岁上她离了婚
剪去长长卷发
蹲在马车上
告诉我:上帝创造了人
然后又后悔
我跟她不同
一直学好——而现在
我正尽力
争取达到自己的

坏标准

最后

我和她沆瀣一气

喜欢起她的怒气、长靴

我们交谈

我们抽烟

我们嘲笑每一个人

一对坏姐妹

朋友万分惊讶地望着我说："你疯了吗？这叫什么诗！"

我说："我没有疯，这是选入英国语文教材里的诗，这首诗的题目是"姐妹俩"。读懂了它，你就读懂了这个诡谲多变的大千世界——不是吗？"

在雨后泥泞的道路上，有谁，能够踏过那些水洼，不在意弄湿了鞋子甚或弄脏了裤子，昂首前行，带出一支不变形的队伍？

孩子间的战争

男孩的胳膊被咬了一口，是同班的一个女孩干的。

男孩的家里炸了营！奶奶老泪纵横，颤巍巍地托着孙子的小胳膊，心疼地往那红戳般的伤痕上吹气；爷爷气得拿拐杖梆梆地戳着地板，逼孩子父母马上带孩子去医院打破伤风针；妈妈厉声责骂爸爸是

“废物”，怪他去幼儿园接孩子时没有及时找到那“凶手”抽她两个嘴巴；爸爸还算冷静，劝了老人劝妻子，又抱起儿子鼓励他别怕痛。

第二天，男孩的妈妈送他去幼儿园。她气呼呼地找到孩子的老师，撸起孩子的袖子给她看，并执意要见见那个咬人的女孩。老师拗不过她，只好将那个女孩叫了过来。男孩的妈妈见到那个女孩，冲动地伸手就去撕那女孩的嘴，边撕边说：“我倒要看看你究竟长了一副啥样的狗牙！”老师吓得脸色惨白，忙冲过去求那暴怒的女人松手。女孩又疼又怕，尖声哭叫起来。教室里顿时乱作一团。

女孩的家人知道女孩受了小朋友家长的虐待，就集结了一帮亲友，浩浩荡荡地去幼儿园找园长理论，并声称要给“跟吃屎的孩子一般见识的畜生”一点颜色看看。园长苦口调解，希望他们不要将事态扩大化。但是，“亲友团”的成员们根本听不进去，他们并排站在幼儿园门口，剑拔弩张地等待着男孩家长的出现。

这件事最终是以惊动了110而告结束的……

很快，整个幼儿园的老师和孩子、幼儿园所在小区的居民、两个孩子父母的所在单位都知道了这件事，“咬人事件”成了大家茶余饭后的谈资。不久，就又听到传言，说双方都放出了“斗狠”的话，扬言这事不能算完。

可是，处在这个事件中央的男孩、女孩却早已捐弃前嫌，好得跟一个人似的了。两人一起滑滑梯，一起玩跷跷板，还互相用手绢擦鼻涕呢！心有余悸的老师试图将他们拆开，但两人说啥也要往一起凑。男孩不好好吃饭，受到老师批评，女孩就主动去喂他，像个小妈妈一样。

老师十分担心，怕他们之间接触太密一不留神又制造出“血案”，便战战兢兢地把自己的担忧告诉了园长。园长叹口气说：“孩子间的战争，永远都不会打上仇恨的印记，因为他们还没有学会记仇。在他们看来，咬一口跟喂一口同样自然。但是，大人们偏要用自己的手去掂量孩子的行为，努力挖掘那行为后面的潜在动机，将自己复杂的思想感情强加到孩子头上。你看那两个孩子的家长——这边以为那一口咬掉了自己家族的尊严，那边以为不报那一‘撕’之仇就难雪耻辱。他们先用卑污的想法弄脏了自己的孩子，接着又用卑污的行为弄脏了别人的孩子。我们的工作，就是尽可能地捍卫孩子的干净，尽可能地学着用孩子的眼光去看待孩子。如果我们因为担心再发生不测而强行将那一对要好的小玩伴拆散，我们不就又不自觉地充当起了‘仇恨’的帮凶了吗？……”

不久后的一天，这两个孩子的家长去幼儿园接孩子时又碰面了。女孩拽着妈妈，非要让她一起去男孩家看刚出生的小狗；男孩跟妈妈示威：“她要不去我就不回家！”两个妈妈讪讪地跟在两个孩子的后面走，都不由地在心中暗自叫苦：唉，这场仗打得这个亏啊！

你的微笑对我很重要

我在中学生中做了一项关于“微笑”的调查。结果显示：91.2%的同学从不对陌生人微笑，94.7%的同学从没有接受过来自陌生人的微笑，100%的同学不知道5月8日是“世界微笑日”……

面对调查结果，我有一些沮丧。我又随机找了几个参与调查的同学，问他们为什么不能够与陌生人之间有微笑交流。他们的回答五花八门——

“对陌生人微笑？——神经病啊！”

“陌生人对我微笑？那我会感觉很不爽，我会想，这个人是不是有点……不怀好意？”

“不要和陌生人说话，不要对陌生人微笑嘛！”

“其实，我挺想跟陌生人有微笑交流的，可是，我冲一个人微笑了，人家根本不理我，我就觉得特栽面儿，下回，再不犯傻了。”

“有时我们对本校老师微笑问好，他们都假装没看见，我们哪还有心思去对陌生人微笑啊？”

我想起了北京一位怀着巨大的热情启动了“微笑体验”的小学教师。由于“感觉人与人之间的距离越来越远”，她兴致勃勃地率领她的“雏鹰假日小队”走上繁华的街头，向路人“派送”微笑。5月的北京，是鲜花的海洋。六百多名红领巾用比鲜花还动人的笑脸，对每一个从身边走过的路人微笑。三千多人收到了那微笑，但是仅有四百多人用自然或热情的微笑回报了孩子们的微笑，而其余将近九成的路人或面无表情地继续赶路，或有意转移视线，或刻意回避孩子们的微笑，或露出莫名其妙的表情。

孩子们在当天的日记里留下了这样的文字：

“北京人很缺少微笑，别人主动朝他微笑，也不理睬。我觉得这样很不好。”

“有人以为我是发小广告的，我很伤心。我们只是想用微笑来传递友谊。”

"老年人比较热情，年轻人比较冷漠。"

…………

我不知道发起这项活动的那位可爱的老师，面对冷冰冰的数字和孩子们的伤心日记会做何感想。她对那些徒然撒播在水泥地上根本无望发芽的"微笑种子"心疼了吗？她如何安慰那些慷慨地付出了却收获甚微的幼小心灵？她还有勇气再次率领她的"雏鹰们"启动"微笑体验"吗？

对这项活动及其结果，专家给出的解释是这样的：在大都市生活的人通常会有一套防御心理，如果陌生人有主动的表情或举动，防御机制启动。第一个想法是认为你"有所求"或"有所图"，立刻选择回避，表现出来的就是面无表情、不表态、不吭声。

对亲人微笑是血缘的事，对朋友微笑是情谊的事，对顾客微笑是钱袋的事。那么，毫无关涉的陌生人之间是不是就真的没必要再往脸上支付那种奢侈的表情了呢？反正是送者懒得送，接者懒得接，集体淡然着、漠然着、木然着，谁也甭说谁。"我们都是木头人，不会说话不会动"，看谁绷得更紧、更久。唉，你都看见了，一个得意的策划被一个不得意的结果给打得那么疼，咱还不得长点记性？

偏偏很"馋"那个微笑！

"当人微笑时，世界爱了他。"诗人如是说。

"当你微笑时，血压会显著降低。"医生如是说。

"别怕！你微笑的时候，我替你露出龋齿！"这让人笑中带泪的，是幼儿园的孩子对阿姨说的话。

微笑啊，微笑！

人，究竟在什么样的情况下才乐意源源不断地往脸上支付那种毫无功利目的、灿若朝霞的表情呢?

我想——

首先,他的内心应该是富贵的。他不以为寻常的生活当真寻常,即便命运给了他一个破竹篮,他也有能耐用这篮子打满清水,并幸福地被这水滋润。他是个地道的“心头好”,他爱这世界,爱拥有着的每一寸光阴。他愿意给触目的风景全都镀上一层美丽温柔的光泽,看山有翠色,听水有琴声。

其次,他看重快乐的价值。不管听了多少遍“要深沉”、“要严肃”、“要内敛”、“喜怒不要形于色”的谆谆教诲,他就是乐意把一颗心许给“快乐女神”。他固执地以为“吃得下饭,睡得着觉,笑得出来”这“人生三愿”是“普世性”的。当命运辜负了他、捉弄了他,他也不会忘记拿微笑去祭奠忧伤。

第三,他懂得怜惜他人。你苦我苦,世人皆苦,不是非要等到把苦蒸发尽净的时候我们才可以微笑。小小蚂蚁,在危机四伏的觅食途中偶遇一个同类,还懂得暂时搁下使命给对方一个温暖的拥抱,万物之灵的人类在为自己崇高理想奋斗的途程中,为什么要吝惜一个“使得到的人富裕,却并不使献出的人变穷”的微笑呢?

一个女作家获赠了一箱红苹果。她把同事们放学归来的几个孩子唤到办公室,给他们分发苹果。她认真观察这些孩子,发现多数孩子拿到苹果之后礼节性地说一声“谢谢”就蔫蔫地转身走开了,只有一个孩子,在捧住了那个与他人无异的红苹果时忍不住跳着欢呼起来。女作家坦言,在这些孩子里面,她喜欢会欢呼的那一个。

是啊,还有什么比对美好事物的敏感和礼赞更能拨动人的心弦呢?并且,如果孩子被偷走了赞颂红苹果的热情,那么,他也有可能同时流失了挞伐“毒苹果”的勇气。麻木，是对美的盲视，也是对丑的盲视。

不崇尚微笑，是一件令人担忧的事。

1948 年 5 月 8 日，“世界微笑日”诞生。在“洋节”炙手可热的今天，这个温情的节日却不知为何遭到了我们的冷落。我为这个遭到了冷落的节日难过。

和一位睿智的朋友聊起同胞们的微笑缺失，他出语惊人：“民族历史雕刻了民族性格，民族性格雕刻了民族表情。”

可是，我咋就这么不容易接受同胞们这“集体无意识”的表情呢？或者说，在微笑这件事上，我的梦咋就这么不容易醒呢？

时间过去这么久了，我的思绪还停在北京街头那些对路人微笑的孩子身上，不肯回来；我还总不合时宜地冒出让时光倒流，自己到北京街头去回报辛苦微笑的孩子们一个粲然笑容的荒唐想法。在第 61 个“世界微笑日”到来的时候，我想在学校的围栏上为参与了那个关于微笑的调查和不曾参与那个调查的人们挂出一幅不是上级指派的条幅——

“你的微笑对我很重要。”

相信自己的鼻子

这是发生在一个小学特级教师身上的真实故事。

这是一节三年级的观摩课，上千位来自全国各地的教师坐满了大礼堂。

上课了，老师端着一杯水走到学生们中间，一边走一边说："请大家集中精力，注意品味空气中的香味。"说着，将手中的杯子凑到学生的面前。学生们认真地嗅。有同桌的学生嗅完后互递眼色，旋即脸上露出了会意的笑。老师这样走完一圈，回到了讲台上，举着杯子问大家："哪位同学闻到了杯中的水的味道？"有几个学生举起了手，七嘴八舌道："我闻到了，是香味！""是茉莉花的香味！""是玫瑰花的香味！"老师微笑着，再次端着杯子走下讲台，从学生的旁边走过，一边走，一边叮嘱："请你们务必集中精力，仔细嗅一下这杯水的气味。"走完一圈，他又向学生抛出了同样的问题。这一次，除了一位男生外，其余的同学都齐刷刷地举起了小手，表示闻到了香味。

老师问那个没举手的男生："你为什么不举手呢？"

男生回答说："老师，可我真是觉得什么味道都没有。我相信自己的鼻子。"

老师说："对，你确实应该相信自己的鼻子！因为这就是一杯普通的矿泉水，一杯没有任何味道的矿泉水啊！"

说到这里，老师快步走到那个男生跟前，动情地说："同学，让我吻一下你的鼻子好吗？"他微笑着点头。于是，老师蹲下去，在他的鼻尖上轻轻吻了一下。

顿时，礼堂里掌声雷动。上千名听课者都被眼前这一幕深深打动了……

课后，在谈及这个妙趣横生的新课导入情景时，那位特级教师说：那是一种肯定，一种对"在千万个人中间，有一个人站出来"的勇者的肯定;那是一种赏识——一种对在人云亦云、随声附和的主流大合唱中独树一帜者的赏识;那也是一种唤醒——一种对特立独行者沉睡着的独立思考与判断意识的唤醒。而这肯定、赏识与唤醒中,无疑包含了教育所担当的道义——服膺于孩子天性的引导而“纵容”他讲出真相,拒绝成为假话的同谋,以及不轻信于精神掠夺者的领唱而秉持着独立思考与判断的可贵操守。

我愿每一个成长中的学生都能遇到这样一位教师——他不以一个知识独裁者的身份出现,不跋扈地将自己定位为真理的化身;他手里攥着正确答案,但却不是直接将它摔到学生面前,而是孜孜不倦地追求着呈现这答案的最佳方式;他愿意蹲下去看学生,努力创造自己的视线与学生的视线平齐的机会;他舍得付出真情,面对学生的勇敢和智慧他不会吝惜自己的一个拥抱、一个亲吻。最重要的是,他有能力以一双妙手为学生的精神打一层底色,让他们懂得不沦为认知的奴隶是多么值得赞赏,与真实为伴的心灵是多么高贵。

我们实在吃不下

参加有关“素质教育”的校长论坛,会间,一位姓丁的年轻女校长的发言给与会的校长们留下了深刻的印象。

丁校长为大家提供了几个很有价值的教育案例。其中,在阐明

“儿童的负面行为具有较强的可逆转性”这一论题时，她为大家提供了这样一个教育案例——

我在学校负责外事工作。去年春节前，我带领一个学生演出团到德国去举办文艺展演。我们住的是一家四星级酒店，早餐是免费的自助餐。第一次去吃早餐前，我嘱咐同学们：“吃多少，拿多少，别贪多，宁可多跑几趟，也不要在餐盘里剩东西。这可是体现一个人素质修养的大事——记住了吗？”他们都答应得挺好。

面对花样繁多又不常见的食品，他们开始有节制地往自己的餐盘里夹。我招呼他们集中到两个餐桌来用餐，我自己却坐在一边什么都不吃。有学生问我：“老师，您怎么不吃啊？”我说：“别管我，你们吃吧！”他们便埋头吃起来。

吃了一会儿，学生们就品尝出了什么东西是特别合自己口味的。再去拿的时候，往往就错误地估计了自己的胃口，一不留神就拿多了；或者是好不容易等到自己爱吃的东西新鲜出炉，便忍不住多拿了一些。

眼看着他们吃得很吃力了，餐盘里却仍有不少剩余食物。我就问他们：“还能吃吗？”

他们歉疚地说：“对不起老师，我们实在吃不下了。怎么办啊？”

我说：“你们帮我把剩下的东西都拿过来，看着我吃。”

他们十分惊讶地望着我，一下子明白了刚才我不和他们一起吃饭的真正原因。

我已经有了相当丰富的经验。因为每次带团出去，差不多都要碰上恼人的“剩饭问题”。为这事，我生过气，发过火，但效果总是不太明显，这一回，我决定用“身教”的办法刺激他们一下。

我开始吃他们剩下的东西。也不管爱吃不爱吃，拿起来就往嘴里填。

学生们悄无声息地看着我吃，又羞愧又难过。我竭力地吃，吃得十分悲壮，恶心了也强忍着，继续吃。终于，有个女生再也看不下去了，小声央求我道："老师，您别再吃了……"

我的"悲壮行为"深深刺激了学生们，在以后的日子里，他们的餐盘里真的是再也没有了剩饭。更让我喜出望外的是，那个演出团从德国归来后，有个团员就这件事为校广播站写了一篇广播稿。稿子播出后，我们学校的师生都知道了这件事，全校上下掀起了一场轰轰烈烈的"反剩饭"运动。

最后，丁校长意味深长地说："如果我们得到了这样一项任务——去舀来一瓢淡水，我们该怎样评价这项任务的难度值呢？我想，假如我们面对的是江河，那我们完成起这项任务来就易如反掌；但是，假如我们面对的是大海呢？有时候，我就痛感我们所追求的教育效果就好比是从大海里舀一瓢淡水。想想看，每年我们公款吃喝都要浪费掉几座山那么多的食物，却斥责孩子餐盘里剩下少半个面包，这公平吗？可怕的'集体无意识'，早让孩子见怪不怪了，我们与其一味地指责孩子，不如先从自身做起，给孩子一个清明而不是污浊的成长环境，为能让他们成功地舀出一瓢珍贵的淡水做一些该做的事情……"

那次发言，让娇小美丽的丁校长成了大会的明星。更让人意想不到的是，自从聆听了丁校长的发言，大会的自助餐厅气象一新，餐盘里的剩饭一下子减少了许多。

一颗心，路过一张纸

因为喜欢精美别致的句子，所以做了语文老师；因为做了语文老师，所以越发喜欢精美别致的句子。

我教过一个锦心绣口的学生，名叫杨莽，他特别善于驱遣驾驭汉语言文字。判他的作文的时候，我总声称自己“不舍卒读”——舍不得一口气读完，就像吃最可口的东西，忍不住要省着吃，细细品味并努力延长那美妙无比的滋味。

杨莽是这样描摹春天的：“春天，点亮了花朵，唤醒了蜂蝶，打痛了百灵。”

杨莽是这样描写水滴的：“一滴水，落在平静的湖面。湖水说，痒——”

噢，却原来，“痛”和“痒”还可以这样用，我好崇拜我卓异不凡的弟子！

类似这样的句子，杨莽几乎是可以批量生产的。而身为语文教师的我，就在这样的句子面前幸福地沉迷。我痴痴地想，那被杨莽捏在手里的，该是怎样一支灵秀的笔呀！它把百灵的鸣啭说成是因遭到春光的猛然击打而发出的娇啼，它从一滴水碰触到镜面般的湖水的那一刹那间感到了一阵阵痒意。我多么喜欢看杨莽像水滴释放涟漪一样从容释放他的诗心，我多么喜欢听杨莽像百灵说解春天一样娓娓说解他的情怀！我总是不忍独享杨莽这些精美别致的句子，激动不已地高声诵读给办公室里的同人们听，直听得语文老师们齐声欢叫起来。

我把杨莽的诗拿给自己写诗的丈夫看。他看后很黯然，幽幽地说："你必须承认这世界上有天才。"他留下了杨莽的几首诗，说是要寄给全国顶级的诗歌刊物《诗刊》。没想到，《诗刊》竟很快就刊发了杨莽的几首玲珑小诗。于是，我和几个和我一样热爱着汉语言文字的语文老师越发坚定不移地充当起了杨莽的铁杆"粉丝"。

杨莽要高考了。

我破天荒地鼓励他用诗歌写作文。他写了，并且获得了骄人的高分。但是，因他只有语文单科成绩突出而其余四科成绩平平而落榜了……

多少年过去了，我一直不能忘怀杨莽和他笔下的文字。我在课堂上拿出他的诗作做范例，直听得他的学弟、学妹们惊叹不已。但后来，我得到了一个确切的消息，说杨莽做着一份远离诗歌的体力活，薪水低得可怜。

我好心疼那颗诗心，好担忧粗糙的日子会磨损了那美丽的情怀，好害怕那支被缪斯深情地亲吻过的笔会落满尘埃。我有一个痴望，愿尘世中的人们在遇到那支敏感灵秀的笔时不要轻慢、不要忽略，认出它、珍惜它，让它依然葆有用精美别致的语言说出自己内心痛痒的兴致，让它爱着、兴奋着，开出属于自己也属于世界的无可替代的花。

2006年全国高考语文试卷的作文题目是这样的：

> 一只老鹰从鹫峰上俯冲下来，将一只小羊抓走了。一只乌鸦看见了，非常羡慕，心想：要是我也有这样的本领该多好啊！

于是乌鸦模仿老鹰的俯冲姿势拼命练习。一天,乌鸦觉得自己练得很棒了,便哇哇地从树上猛冲下来,扑到一只山羊的背上,想抓住山羊往上飞,可是它的身子太轻,爪子又被羊毛缠住,无论怎样拍打翅膀也飞不起来,结果被牧羊人抓住了。牧羊人的孩子见了,问这是一只什么鸟,牧羊人说:"这是一只忘记了自己叫什么的鸟。"孩子摸着乌鸦的羽毛说:"它也很可爱啊!"

要求全面理解材料,选择一个侧面、一个角度构思作文。

通过媒体,我读到了许多文采飞扬的满分作文。但是,网上贴出的一篇并非满分的作文却深深触动了我的心。

那篇作文的内容大致是这样的——数学老师要上公开课了,同学们既紧张又兴奋,我自然也不例外,虽说我平日数学成绩欠佳,但学好数学的愿望却十分强烈。然而,我做梦都没有想到,老师上公开课那天,竟然把我和班上另外两名数学成绩差的同学临时"寄存"到别的班去了,而那个班的三名数学成绩好的同学则被"交换"到我的班里,给数学老师"撑门面"去了。整整一节课的时间,我几乎把脑袋扎进了抽斗里,感觉这个陌生班级里的所有男女同学都在用鄙夷的目光注视着我,一时间,我觉得天昏了、地暗了、世界倾覆了……我想对我的数学老师说:老师,我知道,在您的眼里,那被您借过去的三个同学一定是可以轻易抓住羊的"鹰",而我和另外两个被您剔除的同学当然是无力抓住羊的"乌鸦"。可我们也有一颗不愿服输的心啊!您看,我们的"俯冲"不是练得挺好了吗?尽管我们去抓羊的时候,爪子缠上了羊毛,徒然给世人留下了笑柄。但是,亲爱的老师,我多么盼望着您能具有那个牧羊人孩子的胸襟与情怀啊!当我溃败,当我黯然,您如果能说一句"他也很可爱啊",我定然会把这金子般的语言紧紧揣进怀里，让它成为我自强不息奋勇前行的恒久动力……

我被忧伤而善言的小作者征服了。我相信他写的是一个真实的故事，唯其如此，我的一颗心才被揪得这般疼痛啊！我不知道有谁能通过怎样的努力才能将这个孩子从被“寄存”到陌生的课堂上这桩痛苦的事件中彻底解救出来。巨大的阴影，像凶残的鹰追击无辜的羊一样无情地追击着可怜的孩子，让他无可逃遁。

如果你是一名教师，如果你的课堂上冒出了一只任凭怎样努力都捉不住羊的乌鸦，你能不能用欣赏的口吻说一句“他也很可爱啊”？

一颗心，路过一张纸，欣然卸下了自己的欢喜或忧伤，看见的人应当珍视，也应当认真想一想，该怎样赋予那善感的心更多歌唱而不是悲吟的理由？

爱恨的交织

被欣赏的与被淘汰的

江老师的女儿 26 岁了，还没有找到男朋友。江老师的一个同事热心地充当起红娘，把江老师当年的一个得意门生介绍给了他的女儿。

江老师执意让小伙子到家里来吃顿饭。盛情难却，小伙子便在红娘的陪同下来到江老师家。

饭吃得并不十分开心，原因是江老师没有看上这个有意做自己未来女婿的人。小伙子走后，江老师对红娘说："他读中学的时候，我是多么欣赏他啊！他学习成绩棒，又特别听话，调皮捣蛋的事准找不着他。现在，人家也挺成功，这么年轻就当上了单位的中层干部。可是，要让他做我家的女婿，那就不够格了。你看他的背，明显地驼了，像个小老头儿；你看他的近视眼镜，足有800度吧，以后会影响生活质量的；你再看他说话时细声细气的样子，哪像个小伙子啊；最让我看不上的是他那么古板，一点幽默感都没有。我女儿要是跟这样的人生活一辈子，她上哪儿去找快乐呀！"

不知道我们评价学生的标准和选择女婿的标准为什么会存在这么大的差异。我们培养学生的时候，轻易就可以忽略掉他的健康、品行、性格、情趣，我们对他们行走坐卧的不良姿势视而不见，对他们日渐加厚的近视镜片司空见惯，把他们的沉默寡言看成是稳重，把他们的冷漠无趣说成是乖巧。我们把教育的目标制订得那么宏大，一心要为国家培养出"栋梁之材"。我们顾不上关照学生迥异的个性，我们只管夜以继日挖空心思地教鸟儿去游泳，教鱼儿去飞翔。我们眼里标准版的"好学生"，就是不惜以失去一切为代价去换取高分的人。但是，当我们苦心调教出来的"好学生"欲要走进我们的生活、成为我们家庭的一员时，我们却坚决地将他挡在了门外。似乎直到这个时候，我们才恍然明白健康、性格、情趣对一个人有多么重要。可叹的是，我们今天向这个人所讨要的一切，在他最适合获得的时期被我们不由分说地剥夺掉了。

我们的教育，是不是在考虑为国家培养“栋梁之材”的同时，也考虑一下如何为更多的普通家庭培养出无疾患、有趣味、善谈吐、气质佳的女婿和儿媳？

给予泳池还是给予大海

教物理的韩老师去世了，他的许多老同事和他曾教过的学生都来参加葬礼。

在韩老师的学生里面，有一个物理学博士，他是特地从北京赶来为自己的恩师送行的。

韩老师并不是那位博士的班主任，博士的班主任——一位数学老师正好也在送葬的人群当中。班主任握着博士的手说：“你是一个有良心的学生。你能取得今天这样的成绩，离不开韩老师当年对你的教诲。你真的应该感谢他呀！”博士说：“我的确十分感谢韩老师。今天，韩老师去了，有一个本属于我和他的秘密也可以跟您说了。您知道，上初中的时候我就特别喜欢数学和物理；上了高中以后，我有幸遇到了特别渊博的您和特别开明的韩老师。每逢上您和韩老师的课，我都是课堂的中心人物。到了高二，文理分班之后，我的学习劲头就更足了，成绩也更让老师满意。我利用课余时间提前半学期学完了高二数学和物理的全部课程。我向您提出后半学期数学可不可以免修。您听后跟我急了，说不能眼睁睁地看着我自毁前程。我清楚地记得，当时您眼里含着真诚的泪花。我当然知道您这样做完全是为我好，我理解您的良苦用心。但是，我这个人很倔，不久，我就又把同样的请求说给韩老师。没想到韩老师居然答应了我的请求，还答应和我一起瞒着您。从那以后，每逢上物理课，我就躲到韩老师的宿舍里去自学。老师，我感谢韩老师给了我自由驰骋的空间，也感谢您在课堂上给我打下了坚实的数学底子。请您原谅我当年瞒着您离开课堂，也请韩老师原谅我给他添了那么多麻烦。”

班主任听得呆了。她不知道眼前这个物理学博士竟然曾在物理课上“溜号”，并且拉物理老师做了自己的“同谋”！多少年来，她一直以为，唯有在课堂上认真听她讲解的学生才能取得好成绩，才能有个好前程。想想看，她学历高、经验足，责任心又特别强，每一节课她都不遗余力地掏空了自己——她是在以自己的生命滋养着学生的生命啊！她不相信吃着她精心巧手调制的“玉食”的人会营养缺乏，她不相信一个毛孩子有能耐在知识的长河里淘到黄金。但是今天，她眼前的这个物理学博士却用自己的成长故事使她不得不认可这样一个道理——给学生提供一个泳池，他充其量也就是能成为一个游泳高手；而让学生走向大海，他却可以获得搏击风浪的本领，可以生出沧海横渡的雄心！

给它一个攀爬的理由

秃的墙，没有看头。便有邻居建议，干脆，咱种些爬山虎吧，不消两年，这墙就全绿了。

爬山虎是一种皮实的植物，很容易活。“压条”后，叶子打了两天蔫儿，但一场雨过后，打蔫儿的叶子下面就冒出了红褐色的新芽。

接下来的一切似乎应该没有悬念了，墙在侧，“虎”善爬，听凭它们由着性子去编织美丽故事好了。

然而不然。爬山虎竟然背弃了那墙，毫无章法地爬了一地。

“怪啦！这些爬山虎的‘虎气’哪里去了？怎么跟地瓜秧一个脾性了？”一位邻居讶异地说。

我们请来了生物老师。他告诉我们说，墙面太光滑了，爬山虎卷须上的黏性吸盘无法吸附在上面，要将墙弄成麻面才行。

说干就干。我们借了电钻，开始兴致勃勃地破坏那墙面。

经过小半天的奋战，墙体变得面目全非了。我们又不辞辛苦地拉来水管，冲净了那蒙在爬山虎叶子上的白灰，又将那长长的爬山虎藤条一根根塔到墙上的花窗孔中，然后正告它们道：“这下，你要是还不爬，可就没有道理啦！”

居然，它还是不爬！

生物老师又来了，他挠着头皮说：“可能是原先生出的黏性吸盘已经过性了，也就是说，它们在最适合找到攀附物的时候没能找到攀附物，吸盘就在藤条上干枯了；而藤条顶端嫩芽上新生的吸盘又无力带动那么沉重的一根藤条，所以，这爬山虎就难往上爬了。”

看着匍匐一地的爬山虎，我们万分沮丧。

以为只能这样了——新的藤条从根部滋出后，张开眼，欣欣然发现旁侧已有我们殷勤打出的适于攀爬的墙面，于是欢呼着，将卷须上小小的吸盘快乐地吸附于墙面，开始了傲视前辈的向上奔跑；而匍匐的藤条只有怨恨地委身地面，看别人飞翔。

清晨，我照例路过那面令人纠结的墙去上班。却见一位父亲带着一个男孩在那面墙前忙碌。再仔细看时，我惊叫了起来。天，那父子俩居然在用透明胶条一根根往墙上黏那藤条！他们已经黏了十几根了。丑陋的墙，被漂亮的绿藤装饰出诗意。

我对那父亲说："你真行啊，太有创意啦！"

那父亲嘿嘿一笑说："不是我，是我儿子想出的办法。跟咱们一样，他也在暗暗为这些爬山虎用力啊！看它们实在爬不上去了，他就说，咱们帮它们爬上去，这样，后长出来的藤条借着老藤条往上爬，会更容易些……"

如今，那面墙已经被深深浅浅的绿所覆盖，大概很少有人想起这一墙爬山虎初始的故事吧？而我却不能忘怀，每次走到这里都忍不住驻足。我思维的卷须上生出一个个小小的吸盘，有自嘲、有自省、有自警、有自励。当理想的藤条在现实面前怆然仆地，我能否像那个可爱的男孩一样，不沮丧、不懊恼、不怨艾，智慧地拿出自己的补救方案，将一根根自暴自弃的藤条抬举到梦的高度？

爱心不会闲置

我每周都准时收看中央电视台新闻频道的《本周》节目，这是一档附加着哑语解说的充满着人文关怀的节目。有一次，我和一个朋友一起收看《本周》节目，突然他指着那个哑语解说员说："看这比画劲儿的，纯粹是多此一举！你说现在这究竟是怎么了？满街筒子补肾的广告，好像全中国人都有了肾虚的毛病；播新闻你就好好播吧，整哪门子哑语呀？好像全中国人民都耳背似的，哼！”

我说：“你说的这两件事是不可以相提并论的。满街筒子的小广告确实碍眼，应该整治，但是在节目中加入哑语解说绝对是件好事。不知你留意过盲道没有，反正我留意过。自打这座城市里修建了盲道，我就从来没有遇见过真正的盲人在上面走，可这却不能成为我们反对修建盲道的理由。你知道吗？在美国的许多饭店，都特别设计了方便盲人使用的盲文指示标志。据说，有不少饭店自从修建了这些标志后就从来没有迎来过一个真正的使用者。那些东西成了地道的摆设。”

你可能要说，这不是浪费吗？

我不这么认为。

我的学校曾有过一个在大地震中失去了右臂的学生。他最怕上体育课和实验课，终日里落落寡欢。更糟糕的是，有些调皮的同学还会没深没浅地跟他开玩笑。有一天，政治老师来上课，她点了四个同学的名字，让他们到讲台上去完成一道练习题。首先，她让大家把自己的外套脱掉，同学们便嘻嘻哈哈地脱了；老师又命令他们穿好，他们也照办了。老师又说，现在请你们用一只左手把外套脱掉再穿起来；他们笨拙地完成了。然后老师又说，请你们不要用自己的双手将外套脱掉再穿起来，他们面面相觑；半晌才有一个同学恍然大悟地去帮着相邻的同学脱外套。受到了他的启发之后，他们互帮互助，顺利完成了任务。末了，老师说，从某种意义上讲，我们每个人都是残疾人——在我们的婴儿时期，我们的大脑与四肢几乎都处于残障状态，我们需要人来抱、来喂、来帮助；等到我们老了，我们的大脑和四肢又有可能陷入残障状态，痴呆，偏瘫，活动受限，这些疾患威胁着我们。同学们，你们看，今天的我们有多么幸运，趁着我们还健康，趁着我们还有足够的时间和能力去帮助那些需要帮助的人，我们就应该多做一点啊！

从那儿以后，那个班的同学都争着抢着去帮助那个失去了右臂的同学，爱护他，善待他，让他充分感受到了班集体的温暖。

所以我想，在某一个时刻，即便没有失聪的人收看《本周》，即便城市四通八达的盲道被闲置，即便饭店里的盲文标志没有人去触摸，它们的存在也有充分的理由。就像那位令人敬佩的政治老师苦心设计的练习题一样，它们要以自己的存在唤醒人们也许已然麻木的爱心。当然，设若它们在某一时刻曾为哪怕是一个残疾人提供了必要的服务，我们也要说，那是一种加倍实现了其自身价值的伟大存在。

可悲的“完美”

这是我从一位音乐人那里听来的真实故事——

在北京一个令人神往的大礼堂里，要举办一场中外学生文艺展演。西部偏远农村的一个小学生合唱团有幸获得了这难得的机会。50个小学生穿着簇新的演出服来到了首都，兴奋异常地在天安门广场合影留念。他们都铆足了劲儿，准备在那做梦都梦不到的神奇舞台上一展歌喉。

彩排一场连着一场，孩子们一点都不嫌烦，每次都像正式演出那样认真。

正式登台演出的时间眼看就要到了。他们突然被告知，为了确保演出质量，必须得“假唱”！

这些小演员们傻眼了，怯生生地问带队老师：老师，我们为什么要“假唱”？我们嗓子好，完全能够“真唱”的呀！不是只有那些道德品质有问题的歌星才会“假唱”的吗？要是电视机前的爹娘知道我们在北京“假唱”，他们该多么伤心失望啊！老师，我们不想“假唱”……

老师是做不了主的。他只有无力地把刚听来的关于“必须假唱”的理由说给大家听：演出太重要了，高层领导要来，不能有一点闪失；礼堂太大，观众太多了，“真唱”出不来效果；万一有人唱错一个音，就会在外国人面前丢面子……

他们真的“假唱”了。

他们的“假唱”很完美。

在他们后面登台的，是来自美国的一个普通小学的音乐组合。七八个学生，黑白、高矮、胖瘦、丑俊各不相同，服装也没有统一，嘻嘻哈哈地站在舞台上，不时冲着观众扮鬼脸。最气人的是，居然一开口就唱错了，不得不重来一遍。

展演是不排名次的。但演出一结束，操办人员就笑呵呵地向我们的孩子伸出了大拇指，可孩子们却笑不出来。

讲这故事的人对我说：看着我们那些打了一脸问号的孩子，我的眼泪一下子就下来了。你想啊,那么天真烂漫的一群孩子,又是来自那么偏僻遥远的农村,他们当中很多人今生今世可能仅有这么一次进京的光荣经历,却猝不及防地被一个任凭怎么挣扎都甩不掉的肮脏屈辱的叫做“假唱”的词给劫持了!你说,我们怎么就那么迷恋“完美”呀?哪怕是虚假的完美,我们也会不由分说地傍上它!与此同时,我们差不多是本能地反感着“有瑕的真实”。如果让我在这两者之间做个选择,我会不假思索地一万次选择后者,因为我明白,真正的演唱是不回避缺陷的。我一直固执地认为,不管出于什么原因的“假唱”,都是既“辱人”又“辱己”的一种行为,因为那不是一个演员在唱,那是一个“演员虚拟体”在唱啊!我愿意看到音乐与人的高度和谐,我愿意看到音乐与灵魂的浪漫共舞!在这个世界上,再没有比看一个琴童无比痛苦地演奏《欢乐颂》更令人痛苦的事情了。所以我要说:拯救音乐,让我们从拯救人心做起吧……

同情心的拷问

有一段时间,校园门口总跪着一个乞丐。他似乎是掐着钟点来的,正值学生上下学的高峰,他橛子般地跪在那里,捣蒜般地迎着学生们磕头。大家被这阵势吓坏了,绕着他走。也有的学生手里正举着半个面包往嘴里填,看见乞丐朝他“捣蒜”,毅然舍弃口中的食物,径直将半个面包送过去,但那乞丐很牛,摇头摆手地不要那面包,却朝他们指指他面前脏兮兮的小铁桶,那意思分明是“我要钱”!

可是,走读的学生多是不带钱的。

路人看着学生们若无其事地甩着手从乞丐面前走过,难免要叹气的。我不愿意看到这个老乞丐每天在校园门口公然拷问同学们的同情心,便决定给他一张钞票为学校门口买个清净。我掏出钱的一刹那,却被一个同事急赤白脸地给拦住了。他说:“这样会更糟!他在这里尝到了甜头,以后来得更有劲儿啦!你要真想让他走,还不如让他皮肉受点苦呢!”

打人?那哪儿成啊!

可我真的是再不能忍受这个乞丐天天在这里给学校添堵啦!

我终于想出了一个无奈的办法。那天,趁着没人,我拿出一张钞票给了那个乞丐,告诉他说:“这里有个人盯上你了,昨天就非要揍你,幸亏我们给拦住了。以后你可千万不要再来了!”打那以后,那个乞丐果真再没来过。

面对形形色色的乞丐,我们常常没了主张。给钱吧,担心成全骗子;不给吧,担心错伤无辜。走过乞丐的人很多,但真正能够“坦然”走过乞丐的,大概没有那么多吧?反正每当我看到老年男乞丐时,总不由自主地想到自己的祖父;看到老年女乞丐,总不由自主地想起自己的祖母。还是给一点吧——就给一点!即便他是真骗子,也没骗走我的名车、豪宅;万一他是真穷人呢,这点钱不刚好找到自己的归宿了吗?

有个女作家,写她初春时节和朋友一道去踏青,回来后发现,装在衣袋里的两张百元钞票掉了。她对朋友们说起这事时,却丝毫也不懊恼。大家疑惑地问："怎么掉了钱反那么开心？"她说："一想到拣到那钱的人惊喜万分的神情，不由你不开心啊！那或许就是个地道的农民，拿着那意外飞来的两张钞票，快乐地想，哎呀，准是我做了好事，老天爷要赏我吧！他或许会用那钱去买些种子，播在他的田里，然后，看着他的庄稼茁壮成长。每天每天，他都要幸福地温习捡钱的情景，内心充满神秘的感激——这多好啊！"

真佩服这个女作家，她把丢钱的喜悦表达得可谓淋漓尽致！想她走过乞丐时，一定会慷慨解囊的吧。反正，我向乞丐施舍的时候常想到这个女作家掉钱的欢跃，想象力牵引着我，我的心比女作家笔下的"种子"走得更远。

有个父亲带着他的女儿路过一溜地摊。刚刚学着看世界的孩子居然指着一个乞丐和他面前讨钱的小铁桶说："爸爸，这个爷爷卖钢镚儿呢！"孩子小小的心，竟以为所有摆在自己面前的都是待售的商品，她天真地认定了"这个爷爷"是在卖钢镚儿。

但是，孩子迟早会悲凉地否定了她的这种认定，这是毫无疑问的事。

在塞那河畔，我曾见过化装成雕像的乞丐。没人给钱，他便死人般在那里戳着；丢一个硬币给他，他便"活"了，向你点头弯腰的。因为同情他辛苦的站姿，许多人愿意花钱买他动上一动。我自然也不例外。

说到底，天底下的乞丐是轰不净的。不在校园门口就到别的门口，不拷问孩子的同情心就拷问大人的同情心。走过乞丐的时候，有人解了囊才坦然，有人不解囊才坦然，这真的不能强求一律。

当卑下遇到高尚

高考即将来临，一个叫杨扬的外校男生找我来辅导作文。

我对他讲，一篇有内涵的好文章应该包含着作者对自我内心的审视，不要热衷于写“圣诞树”作文，乍一看丰饶热烈，仔细一瞧，没有一样东西是真正属于自己的，“零生命力”成了它的最大特点。

杨扬认真地听，认真地记。末了他对我说：“张老师，有一件事特别折磨我，我跟谁都没说，包括我的父母，可是我想说给您听听，就算，就算是按照您刚才提的要求，‘对自我内心的审视’吧。

“上星期一，我很早就赶到了学校，传达室的师傅告诉我说有我们班的邮件。我一看，是从北京寄来的。我知道，这是我们以前的班主任给我们班同学寄来的最新高考模拟题。我们班主任是去年调到北京的，她走之后，我就不再担任班长了，但她还是将模拟题寄给我。我打开那包东西，里面有老师的一封信，说她选寄的这几套题都是往年参加过高考试题命制的专家出的，参考价值极高，希望同学们一定要认真做一做。我连忙把那几套‘宝题’塞进了书包，我不想在同学面前露这些题了，原因很简单——大家都是竞争对手，在考场上进行的是你死我活的拼争。就这样，我就把那几套题独吞了。

“那之后，每天下了晚自习，我都要匆忙赶回家，躲进自己的小屋里做那些题。那里面有许多新题型，是我们以前从来没有练过的。我做着这些题，心中充满了卑劣的喜悦。我仿佛看见了我的竞争对手们一个个惨败在我手下的样子。不过，说实在话，自从拿到了那几套题，我天天夜里都要失眠，我的内心世界起了巨大的波澜。我跟自己说，你这人真没劲，就算你真的胜利了，那也不光彩呀，因为你的胜利是偷来的！你是个贼！无耻的贼！

“张老师，您看，这就是那些题——”

杨扬说着，从书包里掏出了一个牛皮纸信封。我翻看着那些题，发现上面没有留下一点墨迹。我问杨扬这是怎么回事，杨扬说：“我怎么能直接在那上面做呢！我涂抹了之后还怎么复印呀？”

我问：“你复印了给谁看呢？”

杨扬说：“当然是给同学们看啦。”

我说：“你看，刚才你那么自责，还骂自己是个贼，其实，你心里有一个连你自己都没听清楚的声音，你一定会把这些题拿给同学们去做的。”

杨扬低着头，嗫嚅道：“我没有，我很自私，很卑劣，我没有想拿给同学们去做。”

我笑了：“你是在等一个机会。我觉得，你对自己的内心世界审视得很深刻。知道吗？高尚其实有两种，一种是行为的高尚，一种是意识的高尚。你具备的是后者。你做错了一点事，就怀有深深的罪恶感，你在这罪恶感的折磨下寝不安席，食不甘味。你是一个多么好的孩子！我们学校西墙外有一家公司，承担复印业务，质量好，价钱低，要不要我提前帮你联系一下？”

杨扬感激不尽地望着我，用力地点了点头……

高考语文科目考试结束之后，我接到杨扬打来的电话，他无比兴奋地告诉我说："张老师，今年的高考作文题是'出人意料和情理之中'，我拟的题目是'当卑下遇到高尚'，写的就是我差点独吞了那几套试卷的故事，我按照您的要求，在叙事中认真审视自我的内心世界，歌颂了像您这样的用妙手将卑下改写为高尚的好老师……张老师，当我在生活中遇到难题，您给出的答案确实是出人意料的；但是，您能给出这样的答案也确实是情理之中的，因为您有一颗圣母般的心！"

我举着电话听筒，真心分享着杨扬的快乐。哲人说，一个出色的问题本身就包含着一个同样出色的答案。作为一个出色问题的提出者，杨扬早为自己预备好了一个同样出色的答案；作为一种额外的奖赏，幸运女神格外地赏赐给这个可爱男孩一个无比温柔的眼神……

孩子，其实你不必这样

距离高考还有二十多天了，高三复习进入"白热化"的程度。

这天，一个叫程海的高三男生来找我，嗫嚅地说："老师，我写了一篇备考作文，想麻烦您给看看。"我欣喜地接过作文，告诉他说："一点也不麻烦，给你这个高才生看作文，我好荣幸啊！"我不教他，但我一直在留意他。他长得又瘦又小，坐在教室的第一排；他各科的成绩都十分优异，在年级一直稳居前十名；他是"特困生"，三年的高中学费全免。

那是一篇写得挺不错的作文，我很喜欢，就边改边将它敲进了电脑。当我把一篇打印稿交给程海时，他喜出望外地看着我，一迭声地说了七八个“谢谢”。

做课间操的时候，我看着他特别卖力的样子，不由得有一点心疼。我跟他的班主任说：“程海这孩子干什么都不会偷懒吧?”班主任说：“何止是不会偷懒，他简直就是苛求自己。他生活那么困难，却不肯接受大家的捐助。你知道他怎么买饭吗？二两米饭，半份素菜，从来都是这样的。”我说：“高三这么苦，这么累，每天的学习时间超过了十四五个小时，是超强体力劳动呢！他才吃这么点东西，身体非垮了不可!”班主任叹口气，没有说什么。

第二天，我特意到高三的售饭区等候程海。程海来得很迟，我知道他特别惜时，晚一些来为的是错开排队的高峰。程海往打卡机里插卡的时候，我看到显示屏上清晰地跳出了41.50元的字样。他买了一份饭、半份菜，还剩下40元钱。我和他边聊边往就餐区走。当我确信周围没有人注意我们时，我把自己的饭卡递到程海面前，假装很随意地说：“我们交换一下好吗？别紧张，我需要减肥，你需要长肉，咱们一起努力，到高考那天你把我饭卡里的钱用完，我把你饭卡里的钱用完，你说好不好?”程海有些手足无措，低声说：“老师，我的……钱，够用。”我说：“我看见你的卡里还有多少钱了。别让我着急，咱俩其实是互相成全。好了，把你的卡给我吧!”程海说了声“谢谢”，就和我交换了饭卡。

我的饭卡里存有200元钱，足够他这二十多天用了。那之后，当我去食堂买饭，偶尔遇到往高三售饭区走的程海，我都会向他做一个V型手势，鼓励他努力吃、努力学。

高考来了。

高考又走了。

程海到学校来找我，郑重地将饭卡还给了我，并真诚地向我道谢。我也找出他的饭卡，笑着说："我的任务完成得不错，你可不如我。你看你，还是这么瘦！"程海说："其实我长肉了，偷着长的，老师看不出来。"

高考成绩很快下来了，程海考出了628分的好成绩。作为关爱着他的老师和关注着他的朋友，我就像自己又经历了一次金榜题名那样高兴。

临近放假的一天，我到食堂去买饭。我把饭卡插进打卡机，显示屏上居然显示出了160元的字样！我一下子懵了。我把饭卡抽出来，到储款机那里去查询，结果是这张饭卡近期没有储过款，也就是说，在高考前的二十多天里，程海仅仅花去了他"自己"的那40元钱。

我捏着那张饭卡，突然有一种想流泪的感觉。

我看着冷清的高三售饭区，想着那个几乎天天来食堂都要"迟到"的又瘦又小的只买半份菜的男生。我惊问自己：是不是，我在无意中伤害了这个十分要强的孩子？

此刻，如果程海出现在我面前，我将对他说些什么？我想我可能会说："穷"本不是你的错，不要用自己羸弱的身体去给"穷"这东西殉难，它不值得。如果一个人，表示愿意和你并肩迎击困难，你自然可以分析他的用心是否真纯；而当你明白地知晓他原是惴惴地揣了一颗善心，并希望用这颗善心给你温暖的时候，你就应当赐给他一个机缘。在这个世界上，钱永远不是最要紧的东西，如果你以为唯有清算了钱才不至于亏欠他人，唯有捍卫了钱才不至于辜负他人，那你就错了。要知道，有人会把你欣然领受一份善意看成是对他的至高奖赏。他期待着你幸福地体察到他的良苦用心，他也期待着你日后同样成为慷慨地赠予他人温暖的人。

说真的，我今生将能挣来无数个 160 元钱，而从这无数之中拿出一份喂饱你一生中最不该饥馑的日子，这该是件多么让我欣慰的事！可惜，你没有给我机会，你也没有给自己机会。我们之间曾发生过一个美丽的故事：你给了我一篇作文，我将它敲进了电脑，我们共同创造了一份有价值的记忆。相比之下，如今被我捏在手中的这张饭卡是多么的不幸，它本是想殷勤地编织一个动人的故事的，岂料却留下了一处败笔。

程海，你在大学还好吗？买饭的时候，别总去得那么迟，早一点去，可以买到热一些可口一些的饭菜。

座位的哲学

学校请从事学生心理研究工作的卢老师来给大家做“心中有他人，眼里有世界”的报告。报告的地点在阶梯教室，时间是下午两点钟。

离约定时间还有 20 分钟的时候，卢老师就赶到了阶梯教室。

我不安地说："卢老师，还要让您在这里等学生们，我们真是太失礼了。"卢老师微微一笑说："我提前些到是有意图的啊，待会儿你就知道了。"

阶梯教室座无虚席——大家都到齐了。

一阵热烈的掌声道尽了学生们心中的敬意。掌声过后，卢老师的报告却没有开始。只见他面带微笑地从台上走下来，走到14排中间那个座位处。在一个眼神怯怯的男生面前，卢老师深深地鞠了一躬。

所有的人都看呆了。

卢老师对满心疑惑的同学们说："我多么敬佩这个可爱的同学，我由衷的敬佩使我不得不向他深鞠一躬。大家可能会问，这到底是为什么呢？是因为他来得早么？——不是。那么，是因为他坐得好么？——也不是。让我来告诉你们吧：在你们入场的时候，我一直都在认真观察，我发现，许多先到的同学一进来就抢占了把边的座位，在他们看来，那一定是'黄金座位'——好进好出，方便得很哩！只有这个同学进来后舍弃了这14排中还空着的'黄金座位'，毅然坐到了中间这个进出不便的座位上，接下来，14排座位便左右次第开花，使我看到了我希望看到的最佳入场次序；我继续观察，我发现先前那些抢占了'黄金座位'的同学其实备受其苦，因为座位之间行距较小，每一个后来者往里进时，边上的人都不得不起立一次，我注意到有个捷足先登的同学在短短的十几分钟里，竟然起立了十几次。同学们，你们看，利己与利他有时候就是这么奇妙地统一。不要总是抱怨别人给自己添麻烦，不要总觉得生活中烦忧太多，如果你想听到爱的乐曲演奏得更加和谐美妙，就请你把边上的座位留给别人吧！请永远记住：心中有他人，他人也就悦纳了你；眼里有世界，世界也就玉成了你。”

信赖

心理学教授带着一群学生做实验。他先让同学们面朝他站成两排横队，然后，命令后一排的同学做好救助准备，等他喊了“开始”之后，前一排同学就往后一排相对位置的同学身上倒。他说：“前面的同学别有顾虑，要尽力往后倒。好，开始！”前排的同学们嘻嘻哈哈地笑着，按照教授的指令，身子一点点向后倾斜，但是，大家明显地暗自掌握着身体的平衡，并不肯把好端端的自我撂倒到后面那个人的身上；后排的同学本来已经拉开了架势，预备扮演一回救人危难的英雄角色，但由于前面送过来的重量太轻，他们也只好扫兴地用手轻触了一下别人的衣服就算完事。

可是，这里面有个例外——一位男生在听到教授的指令后，紧紧地闭上了双眼，十分真实地向后面倒去。他的搭档是一位小巧玲珑的女生。当她感到他毫不掺假地倒过来时，先是微微一怔，接着就倾尽全力去抱持他。看得出，她有些力不能堪，但却倔强地抿了唇，誓死也要撑起他……她成功了。

教授笑着去握他和她的手。继而，他认真地告诉大家说：“他俩是这次实验中表现最为出色的人。男生为大家表演了‘信赖’——信赖是什么呢？信赖就是真诚地抽干心里的每一丝猜疑和顾忌，连眼睛都让它暂时歇息，百分之百地交出自己。女生为大家表演的则是‘值得信赖’——值得信赖其实是信赖催开的一朵花，如果信赖的春风吝于吹送，那么，这朵花就有可能遗憾地夭折在花苞之中，永远也休想获取绽放的权利；当然，如果信赖的春风吹得温暖，吹得和畅，那么，被信赖的人就被注入了一种神奇的力量——就像你们看到的那样，一个弱不禁风的女生可以扶起一个虎背熊腰的男生，一只充满了爱意的手可以托举起一个美丽多彩的世界。同学们，值得信赖是幸福的，而信赖他人是高尚的。让我们先试着做高尚的人，然后再去做幸福的人吧。”

留守寸土

那是一天深夜，电话铃响起。拿起话筒，是一个女人的声音：“老师，我是您班学生郑亮的妈妈——这么晚了打搅您，真不好意思——有件事想问问您：郑亮这两天没出什么事吧？”我吓了一跳，忙问：“郑亮没有回家？”郑亮妈妈说：“回了，只是着了魔似的，反反复复地说‘这是不公平的’。现在，他睡下了，我放心不下，就给你拨了这个电话。”

不公平？有什么不公平的呢？这几天我忙于跑自己调动的事，班里工作有些放手，难道说就在我不在的时候，郑亮跟同学们发生过龃龉？

我心里没底，可嘴上却故做轻松地劝慰了郑亮妈妈一番。

第二天一早，我到班里组织晨读。按照头一天晚自习预习时分配好的角色，大家开始兴致勃勃地朗读新课文——《雷雨》第二幕。我却无心听周朴园和鲁侍萍的精彩对白，只是思忖着晨读后如何“提审”郑亮，再如何编织一个新理由请假出去，到那个我梦寐以求的单位去拜望一下据说是对我颇感兴趣的老总。

突然，同学们哄笑起来，抬眼看时，只见郑亮脸孔红红地从座位上站起身——该他读了。他分到的是周冲这个角色。只听他大声读道：“爸爸，这是不公平的。”读罢，带着成功的欣悦坐下了。

我忙低下头看书——可不是么，周冲就只有这一句台词！

猛然间，我彻底明白了昨天晚上发生在郑家的一幕。原来，这男孩领到分给自己的角色之后，一直在“着了魔”般地诵读那仅有的一句台词。他没有因为自己角色的卑微而沉郁失落，也没有因为台词太少而掉以轻心，他用心揣摩着、玩味着、掂量着、把握着，他是要给这句至短的台词注入无比丰沛的情感啊！

我听不清周朴园和鲁大海在争执些什么，只管用欣赏的目光直视着那个只分到了一句台词的男孩，我想对他说：“谢谢你，谢谢你教会了我如何倾尽全力诵读自己人生的台词，谢谢你教会了我如何把哪怕仅有一寸的灵魂圣土也侍弄得美艳芳香。”

“雷雨”远去了，男孩远去了，至今仍留守在三尺讲台的，是我一颗暖暖的心。

惠我良多

“惠我良多”——这是我在台湾爱心第二春文教基金会总部看到的一面锦旗上绣的字。只一眼，就不可救药地喜欢上了它，举着相机，变换角度，一连拍了数张照片。

我所拜谒的这位拥有“惠我良多”锦旗的主人，离职赋闲后，跑了一趟大西北。在那里，他为一件事犯了愁——那些衣衫破旧的孩子，营养怕是不够的吧？忧心忡忡的他，回去后就深情启动了“一个孩子一个蛋”计划。他要为每个小学生每天提供一枚煮熟的鸡蛋，用以增加孩子的营养。我站在一张中国地图前，饶有兴味地触摸西北部那片醒目的彩色图钉。发起者告诉我说，不同颜色表示不同年份开始受益的区域。他又说，当他走到受益孩子中间，孩子们争先恐后地叫他“鸡蛋爷爷”！有个孩子天真地向他汇报：鸡蛋爷爷，昨天学校发的鸡蛋我没舍得吃，拿回家给奶奶吃了……“鸡蛋爷爷”这个称谓，大概就是孩子口中的“惠我良多”了吧？在不会说“惠我良多”的年龄，孩子接受了一份恩惠；我多么希望，待到孩子长大，待到他长到会说“惠我良多”的年龄，他也能想到把这样一面锦旗，亲自送到恩人手上。

这么大一片彩色图钉，一个孩子一个蛋，每年要吃进多少蛋啊？这个问题，是一个同行者小心翼翼问出的。发起者笑着回答说，光凭我个人的力量是远远不够的，好在有越来越多的爱心人士加入了“捐蛋”队伍。有个退役老兵，每天拖着条残腿去菜市场卖鱼卖虾，赚了钱，乐意拿出一些给孩子“捐蛋”。老兵说，把钱捐到这里，肯定是最正确的！我想，这个捐助者，老、残、苦、累，每天隐匿在嘈杂混乱、泥水飞溅的菜市场，他该有多少理由紧紧攥住自己那散发着鱼腥味儿的一沓零钞啊！但是，他拿出了，开心地拿出了。我愿意在心里替那些吃到了他所捐出的鸡蛋的孩子说一声：惠我良多。

接到一只瘦骨嶙峋的手递过来的一张名片，姓名上方赫然写着“终身义工”。接到这样的名片，我突然缩回了欲要掏名片的手。我羞愧地想，与这张名片相比，我的名片上印了多少不值得印的文字啊！“终身义工”，还有比这更荣耀的“职称”、“职务”、“荣誉称号”吗？在颐养天年的年纪，却甘愿跑到这里来打一份分文不取的工，这个人的心中，该装着多么富丽的风景啊！请允许我在心中替那些他终日为之奔忙的孩子说一句：惠我良多。

…………

为什么我偏在这样的时刻忆起那个故事——我的一个拐弯朋友，生意做大了，拿出大把钞票资助某大学的寒门学子。一次他去那个城市出差，热心地召集资助对象出来吃顿饭。他让他们点菜，他们点了龙虾；他问他们还有什么困难需要帮忙，他们说，资助金能不能再给加点？因为物价上涨得太厉害了。他说，不瞒各位说，这顿饭，硬是把我吃出泪来了呀！我骂自己，你真是犯贱！不过，咱以后长记性，不再犯贱了总行了吧……我同情地看着盛怒的他，同情地想着那些可怜的大学生。如果可能，我多么愿意跟那些大学生一起逆着时光的流水回到那个聚餐的晚上，我会向他们提议说，来，同学们，咱们一起动手做一面锦旗吧，上面就写“惠我良多”。

我想，施惠者可能压根儿没有想到要用善举去赚取这四个字，但是，受惠者应该而且需要说出这四个字。这四个字一旦出口，美丽的花朵将会次第绽放：你施恩，我感恩；你付出，我铭记；你期许，我努力；你领跑，我跟上……有福领受的人啊，学会给那无私的施予者打个红对勾吧！他不欠你什么，他为安妥自己那颗善良的心而情愿为你奔忙，可你总不能拿他给你的“好”制成利器，再回过头去伤害那“好”啊！须知，当那“好”一次次被刺痛的时候，“歹”就有机会盘算着主宰这世界了。

在上面的故事中，任何人大概都可以找到自己的影子吧？世界上，哪有真正意义的“看客”？鸡蛋爷爷、残腿老兵、终身义工、领鸡蛋者、送锦旗者、爱锦旗者、点龙虾者、捐出泪者……你是他们中的哪一个？

被掠走的饥饿感

我突然问了自己一个问题：自己有多久没有饥饿感了？

我回答不上来，大概有好久了吧。总是饱饱的，来不及等到饥饿感光顾，就又开始吃东西了。我是一个热爱食物的人，尤其热爱谷物。看到减肥的朋友米面丝毫不敢沾，内心充满了对这些“饥民”的同情。

听母亲说，我的祖父在年轻的时候外出讨饭，饿死在路上。我常常抑制不住地揣想那悲惨情形，恨不得穿越时光跑到我年轻的祖父身边，递给他一个“神圣”的馒头。我的母亲也曾饱受饥饿之苦，她说：“有一回，我跟你二舅饿得要晕过去了，就一人喝了一碗凉水，吃了两瓣大蒜。”

我的母亲捍卫起过期食品来十分卖力。我要扔掉一袋过期饼干，她连忙夺过去，打开袋子，三块三块地吃，边吃边说好吃。我再执意要扔掉某种过期到不像话的食品，她就发急，说：“我也过期啦！你把我也扔了算啦！”

挨过饿的人，对食物怀有一种近乎畸态的珍爱。

电视上一个老红军回忆说，爬雪山、过草地的时候，他们吃皮带充饥。妹妹的孩子好奇地问：“皮带怎么可以吃呢？”妹妹说：“因为是牛皮的吧。”妹妹的孩子继续追问：“那他们为什么不吃牛肉呢？”这个孩子一向视食物如寇仇，以她现有的理解力，断不会明白人何以可以饿到吃皮带的程度。

目下，“仇饭”的孩子可真多啊。蒋雯丽在一个广告中对她的“女儿”发飙，因为女孩把盛了白米饭的碗狠狠地推到了一边。还有一档电视节目，索性就叫“饭没了秀”，用这样一个名字鼓励想上电视或想看电视的小朋友好好吃饭。有个老教师跟我诉苦：“早些年，我跟学生们说，今天你不努力学习，明天你就没有饭吃，他们就乖乖低头念书了；现在，我再这么说，他们居然鼓掌欢呼说，没饭吃才好呢，谁愿意去吃饭！”

在这些“仇饭”孩子的对面，站着一些同样令人担忧的孩子，我管他们叫“饕餮一族”。我有个朋友的孩子，酷爱肯德基的炸鸡腿，一顿可以消灭六个。他的父母向我们描述起可爱的宝贝连吃六个炸鸡腿时的情形，仿佛在夸耀一个战功赫赫的将军，崇敬之情溢于言表。可怜这个小胖墩，刚刚过了13岁生日，却已是个资深脂肪肝患者了。

“仇饭”与饕餮，都是对饭的不敬。

有一次，我和一位姓刘的女士对坐用餐。我们吃的是份饭。面对一个馒头和一荤一素两个简单的菜，刘女士双手合十，闭目默祷。我拿起的筷子倏然停在了空中……她吃得那么香甜，我甚至怀疑是她的祷告词为那寡淡的菜蔬添加了别样的滋味。据说僧人用斋时要“心存五观”：计功多少，量彼来处；忖己德行，全缺应供；防心离过，贪等为宗；正事良药，为疗形枯；为成道业，方受此食。用斋亦如用功，不可出声，不可恣动。

我常想，对寻常的一饭一蔬都怀有神圣感的人，一定不会漠视造物的种种赐予吧。

听一个医生说，适度的饥饿感是有益健康的。他说，人在不饥饿的时候，巨噬细胞也不饥饿，它便不肯履行自己的职责；只有人有饥饿感的时候，巨噬细胞才活跃起来，吞噬死亡细胞，扮演起人体清道夫的角色。他甚至说：“饥饿不是药，比药还重要。”被饥饿感长久疏离的我，多么想要这样一种感觉——饥肠辘辘之时，捧起一个刚出屉的馒头，吃出浓浓麦香。

尼采说：“幸福就是适度贫困。”一部分先富起来的国人听到这话肯定很不爽吧？他们可能会骂尼采在胡说，骂他吃不到葡萄说葡萄酸。我们好不容易富起来了，你却跟我们扯什么“适度贫困”，去你的吧！

食物富足了之后让人适度饥饿，跟钞票宽裕了之后让人适度贫困一样惹人不快。曾几何时，贫困和饥饿恣意蹂躏无辜的生命；今天,走向小康的我们还不该报复性地挥霍一番吗?就这样,浅薄的炫富断送了必要的理性,餐桌上的神圣感迟迟不肯降临……

我多么高兴为母亲炒几个可口的小菜,再陪她慢慢吃。那么享受,那么陶醉。我知道我总是试图替岁月偿还它亏欠母亲的那一餐餐的饭。菜炒咸了,母亲说正好;菜炒糊了,母亲说不碍。我带着母亲下馆子,吃完饭,剩饭要打包,她跟服务员说:“除了盘子不要,其余的都要。”

在物质极大丰富的今天,为了铭记伤痛,为了留住健康,为了感谢天恩,我们太应该唤醒自己对一饭一蔬的神圣感,在珍爱中祝祷,在微饥中惜福,在宴飨中感恩。不是吗?

谁能阻止那撕书的手

高考结束,才意味着高中真正毕业。6月8日考完最后一科英语,考生们回宿舍收拾东西,疯狂地扔掉了饭盒、脸盆、校服、运动鞋,甚至枕头。在他们丢弃的物品中,最多的是书,而且是撕烂的书。就像得了某种传染病一样,一页页书被撕破的声音迅速蔓延开去,整栋楼都响起了发泄般的撕书声。他们尖叫着,撕掉了教科书,撕掉了教辅书,撕掉了工具书。解脱的欢跃和报复的快感,让他们变得丧失了理性。

这样的场景,几乎在每一所高中都可以见到。我甚至在网上看到过一个视频，毕业生们嗷嗷叫着在某一时刻来到宿舍露台，一同撕书，抛书取乐。一时间，纸屑蔽日，几个拾破烂的忙得不亦乐乎……

每当见到这样的场景，我都会忍不住责怪这些撕书的孩子们：你践踏的是自己一页页走过的日子，你轻侮的是自己一天天度过的生活。这些书，曾喂养了那个精神的你，没有它，你就不可能成为今天的自己……但在那刺耳的撕书声中，我的声音显得是多么苍白无力。

我对撕书的孩子充满了怨愤。

有机会和一位教育界的老专家共议这个话题，他说："这不能全怪孩子们。你想过没有？我们什么时候引导过孩子真正地爱书、敬书？犹太民族是一个真正与书为伴的民族，他们为了让孩子亲近书，会在孩子刚刚懂事的时候，在《圣经》的书页上滴一滴蜂蜜，让孩子去亲吻它，用这样的方式告诉孩子，书是甜的，今生与书为友，你的生活里就揉进了蜜糖；犹太人又是敬书的，如果书柜与床放在同一个房间，那这书柜摆放的位置可是大有讲究的——绝不能放在人睡觉时脚所朝向的位置，而要放在头所朝向的位置，用这样的方式表示对书的敬重、顶礼。正因为如此，犹太民族才为人类贡献了那么多杰出的思想家、科学家、艺术家。你再看看我们吧，我们孩子的读书无一例外地都是被允以'读书之后的好处'的——读好了书，你才能上个好大学，才能找个好工作，才能寻个好对象，才能有份好生活。孩子被远方那个功利的目标哄着读完了他不得不读的书，终于熬到头了，那读书的苦终成为昨日的噩梦，'解放'了的他，怎能不狂欢着撕掉那些让他赔进了太多快乐的可恨的书？

“你注意过热恋中的人吗？热恋中的人，没有一个不是忘情地沉浸在正拥有着的过程当中的。他们没有像读书郎那样被允以恋爱之后的种种好处，他们不需要被远方一个功利的目标哄着去爱自己的恋人，这过程本身就是甜美的，他们在一起绝对不会生出‘熬钟点’的感觉。学生会厌学，热恋中的人永远不会‘厌恋’。

“孩子遇到好书，青春遇到爱情，说起来这都是多么富有诗意的事情啊！但是，这两者之间的差异又是多么大！孩子与书厮守时，有太多的不情愿，差不多从上学那天起，他就开始一心盼望着解脱。毕业生撕书，就是解脱后的歇斯底里。和你一样，我为每一个撕书的孩子忧虑。我害怕一颗恨书的心在走进大学或走上工作岗位后，会带着那高中毕业时将书碎尸万段的铭心记忆，与书疏离，甚至与书为敌。

“我总在想：谁能用有效的手段去阻止那一双双撕书的手？谁能带领中华儿女们去发现读书的过程之美？说真的，我被这沉重的问题压痛了心房。”

可不是吗？功利的我们，早就学会了说“书中自有千钟粟，书中自有黄金屋，书中自有颜如玉”，想想看，这是多么糟糕的读书劝导语啊！如果我们指望着用这三句话挖掘读书的动力，那收获的只能是全民族对读书目的的曲解与对读书过程的厌恨，我们将会悲哀地看到，越来越多的手兴致勃勃地加入到撕书、抛书的行列。

谁能阻止那撕书的手？这个问题，你也许回答不了，但是，你又怎能轻松绕过……

锋利的纸

那时，我刚从师范大学毕业，比我所教的学生大不了几岁。面对那些在我看来总试图和我作对的男生女生，我绷紧了脸。“一定让他们知道我不是好惹的！谁敢跟我要把戏，哼，有他好瞧的！”

那天，在我的课上，同桌的一男一女突然搞起了小动作。我不动声色地走下讲台，快步走到他俩跟前，厉声喝道：“干什么，你们！”女生慌忙用一只手紧紧捂住了另一只手，男生深深地低下了头。我气恼地拽过女生藏掖着的那只手，讥诮地说：“有什么见不得人的？给大家展示一下嘛！”女生的手被我高高地举起来——天，那手背上居然在流血！我吓了一跳，但却很快镇静了自己。我的语气明显地缓和了些：“怎么搞的？”女生嗫嚅：“是他，不小心用纸划的。”“轰——”全班同学都被逗笑了，我刚刚平息下去的怒火经她拿这弥天大谎一煽，又腾地窜到了天上。我极力压抑着内心的怒火，又问那男生：“到底是怎么搞的？”那男生迟疑了片刻，终于鼓足勇气直视着我的眼睛说：“我从桌斗里拿出一张纸，不小心蹭着了她的手，结果……”“好，好，回答得太好啦！”我用气得变了调的声音说，“一张纸能干出刀子的活，照你们的说法，一根粉笔就能当枪使，一个板擦就可以成为航空母舰！请你们出去，我教不了你们这些大师级的人物！”女生哭了。男生指天画地地发誓说他们刚才的话都是真的：“不信，我……我做给你看！”众目睽睽之下，他当真拿来一张纸，用它的一个边狠狠地去划自己的手背。面对这异常荒唐的举动，同学们都抑制不住前仰后合地大笑起来。那男生急得汗都下来了，但手背上却连道白印儿都没有划出，那张无辜的纸却眼看已经支离破碎了。我不失时机地教训他们道：“我最讨厌的就是说谎。不管你们在下面干了些什么见不得人的勾当，都不能用谎言来搪塞我。以后……”“可是——”半天没吭声的女生突然哽咽地说，“我的手真的是他不小心用纸划破的呀。”我眼前一黑，险些气晕……

后来，这事惊动了学校思教处，两个学生的家长也被请了来，大家齐心协力地帮我戳穿了那两个人的谎言，又责令他们写出书面检查，这样，“纸划破手”的事件才总算是告一段落。

再后来，他们毕业离开了校园。

再再后来的一天，我拈着一张普通的300字稿纸在办公桌前想心事。无意间，我把纸的边沿顺到了唇边，突然一阵锐痛——上帝，我的上唇竟被薄薄的纸划得淌出血来！我用舌头舔着那腥咸的血水，又用手背去拭，拭着拭着，往事跳到了眼前……我的心尖敏锐地体察到被锋利的纸倏然划过的痛楚。“怎么会这样呢？怎么会这样呢？”我一迭声地追问着自己，又满腹狐疑地用纸边对准了唇，一下下地划下去，划下去……多么怪，硬是没有划出一丁点伤痕！我想，那一定是一个极其刁巧的角度吧？温柔的纸张幻化成了残酷的利刃，把不曾设防的肌肤和心灵划得鲜血淋漓……

呵，岁月深处那两个先我尝到了一张纸的厉害的少男少女哦，让我怎样才能回到昨天，轻轻对无辜的你们说一声：

对不起！

想我的人举手

这句话不是我臆造出来的，这是一个幼儿园的阿姨在待了一阵子病假之后，重回工作岗位向她班里的小朋友说出的“率直”话语。她的话音刚落，就有几个小朋友高高地举起了小手。但是，阿姨对“举手率”显然是不满意的，便抬高了声音进一步启发那些没有举手的孩子：“你们这么长时间没见到我，怎么会不想我呢？如果你曾经想过我，就把手举起来吧！”“呼啦啦”，小手举起了一大片。阿姨认真统计，发现除一个小朋友没举手外，其余的人都举手了。她于是让大家把手放下，走过去把那个没举手的孩子抻了起来，问：“你真的没有想我吗？”那个孩子肯定地点了点头。阿姨又问：“为什么没有想我呢？”孩子说：“我想我姥姥和我姥爷来着，他们把我的‘想’都用完了，我没有地方想你了。”

这个故事，是那个孩子的妈妈讲给我听的。末了她说：“那天，我的孩子是哭着回来的，说是老师罚他站了。我说，活该罚你站！谁让你那么缺心眼！”

不知为什么，我心里久久地卸不掉这段故事。我常呆呆地拟想着时空转换，我本人取代了那个阿姨。在大庭广众之下，我向暌违日久的朋友们说出那句唐突的话语：“想我的人举手。”大家嘻嘻哈哈地笑着，心不在焉地呼啦啦统统举起了手。挺大的人了，都不“缺心眼”，都不会被“罚站”。干嘛放着河水不洗船呢？反正人的心都藏在胸腔里，没有什么仪器能够测得“想”这东西的真伪，就胡乱声称想了呗！不会出现那个不懂得讨人欢心的孩子，大家的“想”都远远没有用完。就这样，我得意地点数着那高举的手臂，跋扈的虚荣心登时得到极大的满足。

但我要这么多劣质的“想”派什么用场呢？当“想”成为一种可以“急就”的情感表达，当“想”敷衍潦草得抵不过雪泥中的一痕鸿爪，我急于收割这些不能打制爱的干粮的玩意做什么？

倒是那个孩子的“想”才称得上是人间的珍稀之物，他的“想”是不容易崩溃流失的，他想人的地方是不允许被挤占挪用的，他的“想”有用完的时候。唯其如此，在他小小圣洁的心中占有一席之地才格外值得欣幸。

想我的人不必举手。如果我确有可想之处，就请你默默地去完成这一份情感的作业。不要让它成为负担，不要生出被验收的忧惧。每天都殷勤地往爱的存折上续存一点点思念：默念一遍不平凡的名字，拟想一场不浅俗的对话。看到好花，想起远方一颗懂得欣赏的心；品到佳茗，想起远方一个或许正装了粗茶的玻璃杯……把“想”这棵植物侍弄到这个份儿上，也就可以了。

有心的生命

观摩一堂初中生物课，老师的讲课内容是“生物对环境的适应和影响”。在讲到生物巧妙地利用“保护色”迷惑敌人、保护自我的时候,老师举出了雷鸟的例子。“聪明的雷鸟会在霜降前后脱掉褐色的羽毛,换上一身雪白的羽毛,以使自己在雪地里成为不容易被发现的目标。但是——”老师话锋一转,“由于全球气候变暖,雷鸟换羽后,雪却迟迟不下,在以灰褐色为主色调的冬季原野上,通身白色的雷鸟无处藏身,原本的‘保护色’此时却成了地道的‘暴露色’。——同学们,请你们说说看,这说明了什么呢?”正确答案应该是:生物对环境的适应并不是万能的。但是,一个男生固执地举手,要陈述自己的意见,老师便给了他机会。他说:“老师,我认为,是人类对环境的破坏导致了雷鸟生存环境的改变。所以,人类要对雷鸟的‘保护色’失去保护作用负责。”老师轻描淡写地表扬了一下这个男生“爱思考问题”,就埋头追她的进度去了。没想到,下课后,这个男生不依不饶地追上老师,忧心忡忡地问:“老师,您说雷鸟是聪明的,那雷鸟的后代会不会为了更好地适应生存环境推迟换羽的时间?或者干脆就不再换羽了?如果它们做不到这一点,它们是不是就会遭到灭种的危险啊?”

我没有听清老师怎样回答这个男生的提问,但是,我为这个男生的提问而感动,我为有人如此牵念冬季原野上因错穿了衣服备感尴尬的雷鸟而莫名感动。

不知为什么,我越来越喜欢在课堂上捕捉能带给人一点疼痛感的声音。不管这声音来自学生还是老师。

我听过一堂小学语文课,老师讲的课文叫《那深情的一跪》。在课堂上,他引用了苏轼的一首诗:“钩帘归乳燕,穴牖出痴蝇。爱鼠常留饭,怜蛾不点灯。”老师用幻灯片打出了这首小诗,范读了一遍,然后让孩子们齐读。听着齐声诵读这首小诗的美妙童声,我不能自抑地流出了热泪。我钦佩那个独具慧眼的小学老师在古诗的海洋中淘到了这首小诗；我愿意猜想记住了这首小诗的孩子，将带着一种怎样的感情去模拟诗人钩起帘子邀乳燕回巢、打开窗子（因窗上无纸可"穴"）放痴蝇逃生、为"人人喊打"的老鼠留下一点剩饭、给"自取灭亡"的飞蛾让出更安全的飞行空间。你可能会说，噢，多么痴愚的举动！但是，一颗敬畏生命的心，原本就应该带着一些可贵的痴愚的啊。以为万物有心，常愿将心比心，不欺侮蚂蚁，不捉弄蚱蜢。

我看到过令人惊心动魄的一幕。一群孩子，掏了一窝小鼠，当街点起了一堆火，将那一只只还没睁眼的小生命活活丢进了火堆……我并不想号召孩子们给那些不讨人喜欢的"鼠辈"放一条生路，但是，与此相比，我更不愿意看着孩子们用这样一种无比残忍的方式对待这些刚刚来到这世上的生命。我太害怕，害怕那杀生时毫不颤抖的手日后会被一种扭曲的"勇敢"怂恿着，坦然地干出一些令人发指的勾当……

为错穿了衣服的雷鸟而忧戚的学生是值得期待的，永远记住了"钩帘归乳燕"的学生是值得期待的。有心的生命，需要借彼此心的温度来取暖。

天花板上的脚印

那天早晨一进教室，我就发现班里有些异样。同学们莫名地对着我发笑。我问："大家今天心情怎么这么好?"同学们不作答，却纷纷抬头看天花板。我顺着他们的视线望去——天哪，那上面居然有两行清晰的脚印！那可真是两行叫人惊异的脚印，鞋尖的方向一致，每个脚印都稍稍往外撇，极像一个走路"外八字"的人在那里悠闲地散过一次步。

我故做不解地问："谁呢？能耐这么大！竟然能脚朝天、头冲地地在天花板上走路。"有个同学小声说："是超人干的吧?"话音刚落，就有同学反驳道："算了吧，明明是有人拿鞋底印上去的。""很好!"我说，"我同意这位同学的说法。应该是在昨天下了晚自习之后，人去楼空，有个同学却并没有急着回家，不知出于什么考虑，他脱下自己的一只鞋，蘸了地面上的水，再用拖把杆顶着这只鞋子，精心创作了我们头顶上的这幅'杰作'。这个同学的构思和画技都是令人称道的——构思大胆，勇于打破通常观念，给人提供了无限广阔的遐想空间。可以说，我们的作者是一个颇有艺术感觉的人，画技也很写实，一只鞋子踩出两行脚印，从门到窗，走得从容、稳健，步伐丝毫不乱。但我又不得不遗憾地告诉大家，这是一幅失败的画。它的作者是一个可怜的人。他可能一直都在渴望着引起别人的注意，但却不能如愿，于是他气急败坏地选择了这样一种愚蠢的发泄方法——在最不适宜留下印记的地方留下印记。其实，每个人都有怕被埋没的隐忧。诺贝尔就说过，我唯一的愿望就是不要被人活埋。许多怀有同样愿望的人用自己的业绩证明自己曾在这世上存活过，他们把生命的印记镌刻在应该镌刻的地方——达·芬奇选择了画布，贝多芬选择了琴弦，盖茨选择了电脑，乔丹选择了篮球……亲爱的同学，你选择了什么呢？难道你就甘心选择一块洁白无瑕的天花板，用几个脚印来展览自己的空虚、卑琐和坏心情吗？父母把一个不同于他人的你带到这个美丽多彩的世界上，渴盼着你成为一个有所作为的人；你的天分不错，这是你值得骄傲的资本，但是，请你一定要选择好发挥聪明才智的场所，千万不能用这种没出息的做法贬损你自己呵！”

同学们不再嬉笑，而是长时间地沉默着，稚嫩的脸上写满少有的凝重。

第二天上早读的时候，我一进教室，同学们就纷纷仰头往上瞧。我举目看时，发现天花板上的那两行脚印已被擦得干干净净。我心头一热，动情地对同学们说：“同学们好！”大家齐声答道：“老师好！”

人性的伞

下雨了。我站在四层教学楼窗前，俯视校门口越聚越多的前来为孩子送伞的家长。很自然地，我想起了高三(10)班杨蒙同学的那首诗。在这栋楼里，几乎人人都知道这首诗，因为我曾为这首诗做过一个面向全校学生的讲座。从举办讲座的那天下午开始，大家都知道了杨蒙，知道了他的《下雨了，请别来为我送伞》——

响雷在天空里炸开
这雨终究是来了
你是否回去了，回家了

将这雨躲过了
要是你没有躲过
就让这雨把你错过
等我回去时，回家时
再加倍地偿还于我
下雨了，请千万别来为我送伞，好吗？
淋了我，是痛在外面的
淋了你，是痛在我心里的
知道吗？

我总忍不住地想，在杨蒙没有为我们撑开他的“人性的伞”之前，这栋楼里该有多少孩子的心淋着雨却浑然不觉？回家的路上，他们几乎人人都拥有了自己的雨具，他们将这雨中飞来的伞视做永不失信的候鸟——如期地到了，他们不会笑一笑；偶尔地迟了，他们的脸比天还阴郁。在这些不懂得感恩的学生的旁侧，我发现了卓立的杨蒙，发现了这个“抢先”为猝不及防地遭遇了暴雨的家人而无比担忧的孩子。他居然天真地希望他惦念的人，是在暴雨的夹缝中踩着一条干路回家的！他居然祈求上天把那没有舍得泼到家人身上的雨，“加倍”地偿还到自己的头上！我多么喜欢分享这个怀揣着细腻温暖的心事而甘愿承受雨打的学生的由衷快乐！我有理由相信，即便他浑身湿透，他也有办法不让自己的爱受潮。

下雨了，那些惦念着自己孩子的家长不是不可以来学校为他们送伞，但是，比“身体不淋雨”更重要的事情一定还有吧？如果不明白这一点，我们的伞将漏进致命的雨点，伞下的我们将被浇得透心凉。

在雨帘中、在雨丝里，我希望从这栋教学楼里走出去的学生都在内心默诵着杨蒙的诗，有伞有感动，无伞无忧伤，昂着头，走在人性至美的风景里。

欣赏就好

校园里的白玉兰开了，皎白的花在灰暗的枝丫上招摇，很是打眼。路过最西边一棵的时候，我不由停下了脚步。在心里，我依然管这棵白玉兰唤做“朱珠的花”。

那时候，喜欢写作的朱珠还在这所学校的美术班学习；我本不教她的语文，可她总是勇敢地拿自己的得意之作来给我看。

记得她写过一篇美文，题目叫“玉兰花开”。她在文章里说，她响应学校德育处的号召，认养了一棵白玉兰。春风吹过，白玉兰来不及长出一片绿叶，就火爆地绽出了满树的花。受到美丽惊吓的她，幸福地站在自己认养的那棵白玉兰前，欣赏着那俊逸雅洁的白花，忍不住流出激动的泪水……朱珠为那篇作文配了插图——她自己画的，美丽灵动的一树玉兰花，看得人心花都跟着怒放了。

后来，朱珠考取了一所知名的美术学院，而她的花，也自然易主到了一个学弟手中。但朱珠却依然忘不了她的花。读大一的那个春天，她给我发来短信，通过我问候她的玉兰花，还填写了一首《卜算子》，礼赞她的玉兰花。

今天，当我走过“朱珠的花”时，我的眼眸里写满了欣赏，而朱珠关乎这株白玉兰的文、画、词、泪一起赶来,殷勤地润饰了这棵本已十分美好的花树。我知道,我此刻的欣赏,有春风注释得了的成分,也有春风注释不了的成分。春风读得懂白玉兰的娓娓花语,却猜不透我心中另一株白玉兰缘何四季都开着不败的花朵。我的欣赏,套叠着一个少女的欣赏,在白玉兰的花影中幸福地摇曳。

一车人游扬州,满眼可人的美景惹得人心醉。

车上有位被大家称做"大师"的语文教师,不停地吟哦骚人墨客关乎扬州的雅词丽句,不是"烟花三月下扬州",就是"二十四桥明月夜",陶醉得语调都发颤了。

我们的车拐过文昌阁,扑面而来的是两棵绿云葳蕤的参天银杏树,就在街心矗立着,一条宽整的马路因它而分为了两股。大师问导游:"请问这树是哪朝的?"导游说:"这两棵古银杏树是唐朝的……"大师不等导游说完,就惊喜地从座位上弹跳起来:"唐朝的!那就是说,杜牧来这儿的时候它就在这儿了?那姜夔写'淮左名都,竹西佳处'的时候,这两棵树就得有碗口粗了吧——哦,还不能是普通的碗,还得是海碗!师傅,求你停一下车,让我们下去照个相好不好?"

车子停下来,大师第一个就跳了下去。我们也跟着呼啦啦下了车。因为离得太近了,我们的相机又多是不带广角的,照出来就是一截子树桩。但是,这丝毫不影响大家的兴致,人人都愿意跟这唐朝的古银杏树合个影。

上车之后,大师越发兴奋起来。激动万分地举着捡来的两片银杏树叶,说回家要把它们塑封起来,永久保存。有人和他打趣:"喂,你是不是以为你塑封了一个唐朝啊?"大师认真地说:"一个锦绣的朝代怎么可以被塑封起来呢？不过，一想到这两棵古银杏树曾见证过唐朝的繁华，披戴过唐朝的星月，你的热血怎能不沸腾？”我一直注意大师的眼睛，膜拜的欣赏，使他双眼发亮。我能理解，讲了几十年唐诗宋词的他，此刻，因为真切地触摸到了一个朝代生生不息的血脉而幸福得有些忘形。

我有一个喜欢收藏的朋友，专门收藏陶瓷制品。有时互通电话，我说我烦，他便会说：“那就来我这里看看我的藏品吧，保准能治好你的烦！”

他终日里心情好得让人气愤。我说：“你赚大钱了吧？老实交代，你是不是拿一个破罐子，卖了个吓死人的好价钱？”他让自己的脸上堆满了同情，说：“哎呀，你怎么俗成这样了？我干吗只有赚了钱才可以开心啊！实话告诉你吧，我只要一看到我满屋子的藏品，马上浑身通泰，三万六千个毛孔，无一个毛孔不畅快。”

有一回，我亲眼看到他像《鉴宝》节目中那些鉴宝专家一样，戴着雪白的手套，动情地抚摩他的藏品。那么粗糙的几个陶罐，他却要用那么轻柔的动作去与之亲近，仿佛手指肚上稍稍用丁点儿气力，它们立刻就会灰飞烟灭似的。

有人来买他的“宝贝”，他饶有兴味地跟人家聊起来。他自然是漫天要价，人家便就地还钱。天上一个数，地下一个数，两个数往一起凑，最后对方一咬牙一跺脚说：“就当死了一回，俺豁出去啦！”他却嘿嘿一乐说：“玩去吧你！你就是死两回，这宝贝也到不了你手里。”气得人家当场就和他动起手来。他妻子嫌他被收藏迷了心窍，和他离了婚。

我也曾试着问他：“你把钱都用来买了这些破瓶子、烂罐子，究竟是图什么?”

“我听——”他说,“我听它们日日夜夜讲岁月的故事、光阴的故事。这还不够吗?”

那天,在电视上看到记者采访一位著名收藏家。记者问得委婉妥帖:“对一个收藏家而言,一件藏品,是长久地被拥有好呢,还是短暂地被拥有好呢?”收藏家回答得耐人寻味:“在我看来,长久地拥有也好,短暂地拥有也好,欣赏就好。”

那个叫“勺”的女生

那年招生的时候,教务处的老师笑着告诉我说:“今年录取的新生中有个女生叫‘勺’——勺子的‘勺’。这名字,怪死啦!”

第一次与勺见面,是在校园里的那一小片花生地前。上课的预备铃响了,还有个单单薄薄的小女生站在那里,老远冲着我笑。我问她:“你怎么还不快回教室啊?”她说:“校长,我在等您过来。我想告诉您,花生地里的草是不能拔的。您看,拔了草,带出了这么多小花生,都糟践了,多可惜呀!我们家种过花生,拾掇花生地,我可是个行家!”我夸赞了她,顺便看了一眼她的胸牌,居然,她就是勺。

再见到勺时,是在食堂。我端着餐盘凑到她跟前,告诉她说,她一句话保住了许多花生的小生命,秋后该赏她多吃几粒花生呢。她含着一大口饭,开心地笑出了声。我问她:“你名字为什么不写芍药的'芍'呢？你见过芍药吗？原先，你们宿舍后面那儿就有一大片芍药，春天开花，可好看啦！"她说："我只在电视上见过芍药开花，没见过真的。当初我爷爷给我起名的时候，起的就是勺子的'勺'，说是名字孬，好拉扯。"我笑指着她手中的不锈钢勺子说："勺用勺，勺咬勺——这太有趣啦！"

后来，德育处遇到了一桩挠头的事，一个女生宿舍的几个住宿生一同找到德育处主任，说她们宿舍老丢东西，小到纸巾，大到毛衣，什么都丢。德育处主任问她们是否有怀疑对象，她们异口同声地说："是勺！"

"她们有什么根据说是勺干的呀？"我有些激动地质问德育处主任。他嗫嚅道："她们也没啥根据，就是觉得勺来自农村，家里挺穷的。另外，这个宿舍里，别人都丢过东西，就勺没丢过。"我说："其实，你刚才所说的前一条就可以解释后一条——正因为勺家里穷，她的东西都不值钱，所以才不会招贼呀！另外，勺要是挨个儿偷，偏偏把自己剩下，那不是不打自招了吗？一个人得蠢成啥样才会这么干呀？"

很快，勺的班主任跑来找我，说大家错怪了勺，让我千万别生气。想着那个单单薄薄的小女生因为家穷就无端地被人怀疑成小贼，我的眼睛禁不住酸涩起来。

几次大大小小的考试，勺的班主任都是在第一时间就将勺的成绩和排名发到我手机上。勺的成绩不太好也不太坏，波动也不大。

寒假开学后的一天，勺的班主任问我："勺怎么没有来上学呀？"我说："是吗？我不知道啊。你给她家打个电话问问吧。"她惊异地看着我说："您不知道吗？她家没有电话呀！——我想法子找同学问吧。"

没有等来勺，却等来了勺的父亲——一个独臂的男人。他是来为勺办转学手续的。

我问："怎么刚读了半年就转学呀？"

勺的父亲唉声叹气地说："说出来您可别笑话，勺的妈妈八年前跟一个小老板跑了。我这个废人，又当爹又当妈，省吃俭用，一心想把勺供出去。去年，我表弟在三门峡市给我找了个差事，我一天到晚惦记着勺，不能踏心干活呀。这回，我下决心把勺带到我身边去，可户口又迁不过去，高三后半年，她还得回您这学校来，在这儿报名参加高考啊！勺老跟我说您喜欢她，对她好，她可舍不得您呢！这不，她还给您写了封信。"

信是封死的。我撕开信皮儿，看到了下面的文字：

> 校长，我可以叫您一声妈妈吗？我本来想当面向您告别，但我没有勇气，还是让我用书信的形式来跟您说说心里话吧。我们宿舍同学丢的东西，确实都是我偷的（我似乎看见了您无比失望的眼神）。事发之后，我吓得要死。我跟班主任说："求你别让校长知道好吗？其实我家跟校长家是亲戚，校长是我一个远房姑姑。可校长嘱咐过我，不让我跟别人讲。"我无耻地利用了您对我的好。我编造谎言，骗过了班主任，使他不再追究我偷窃的事。我从小就有小偷小摸的毛病，为这也曾受过皮肉之苦，可很难改。我甚至把这一切归咎于我的名字——勺，总想舀别人碗里的东西，唉，这只不争气的破勺啊！但这一回的偷窃，却真成了我生命中的最后一回。您知道这是为什么吗？就因为德育处主任把您跟他说的话转述给了我。您对我的人品是那样的深信不疑（尽管我不值得），您不假思索地为我辩

护。您知道吗？那天晚上，熄灯了，我猫在被窝里，哭着咬破了自己的手指。我跟自己说，你要是再生出偷窃的心，就去摸电门吧！校长妈妈，我会跟班主任说出实情，我会设法还清舍友们的东西并向她们道歉的。校长妈妈，您笑一下好吗？您笑一下，我离您多远都能感觉得到啊！

署名竟然是——“芍”。

我擦着夺眶而出的泪水，笑了一下。

勺的父亲惊慌失措地问：“这孩子都瞎写啥了？弄得校长又哭又笑的？”

我说：“没啥。你回去告诉勺，就说我爱她；还有，你跟勺说，今年开春后，我们学校除了种花生，还要栽芍药。勺高三的时候，欢迎她回来看芍药花……”

你的理想还在吗

我教过一个学生，名叫梁作文。有人说，名字和命运有一定的关联，原因是你名字里有什么你就会经常想什么。可能是因为这样的缘故，梁作文十分喜爱作文。他的文章常被我作为范文在班上朗读。后来，在一次语文课上，我突发奇想，模拟着孔夫子的样子让弟子们“各言其志”。轮到梁作文时，他居然说：我的理想是获得诺贝尔文学奖！举座哗然。这个胸“有”大志的孩子无论是在上学期间还是在工作之后，一直都没有停止写作，也曾在报刊上发表了不少“豆腐块”。但前不久，我听说他不幸罹患了结肠癌。得知他在北京做手术，我给他发了这样一条短信：你的理想还在吗？他的回复只有简单的一个字：在！我的心空一下子晴朗了许多。我知道，我的学生有“镇痛”的良药了。

同样的问题，我也曾问过一个当年豪气干云的大学同窗。如今饱食终日、养尊处优的他，在这个问题面前哑然失笑。他说：理想？那是上一辈子的事啦！这辈子咱算是活明白了，早把理想当下酒菜吞了、咽了。

对许多人而言，理想是青少年时代的伴生物。随着年龄的增长，阅历的增加，理想慢慢风化了、剥蚀了，或者被实际的、实在的、实惠的欲望所替代。当现实的闷棍不由分说地打来，最乖巧的应对或许就是放弃罢——放弃曾经的追索，放弃曾经的执著。在灰暗的天空下沮丧地低头，说“我认输了”，或者说“我答应用手中的钻石交换你手中的玻璃”。

在我看来，理想好比一件可以御寒的衣服。人生拥有了这件衣服就不至于在凄风苦雨中瑟瑟发抖。我们的肉眼看不到这件衣服，它穿在我们的灵魂深处。暖与寒，苦与甘，无须人言，我心自知。为什么有人会说“有梦不觉征衣单”？那是因为“梦”可以增加“征衣”的厚度啊！

如果说成长是一辈子的事，那么，理想也应该相伴生命每一天。即使人生即将终结，也不允许理想先于肉体谢幕。理想活着，痛苦就有了慷慨的分担者。

那被我们清晰地表述过的理想，是否还在殷勤地照耀着我们生命中的每一天？没有宗教信仰的我们，愿不愿意为自我的理想充当虔诚的教徒？

我曾经看到一个非常优秀的小学教师用仓央嘉措的诗自勉自励——

那一月我摇动所有的经筒，
不为超度，
只为触摸你的指尖；
那一年磕长头在山路，
不为觐见，
只为贴着你的温暖；
那一世转山，
不为修来世，
只为途中与你相见。

他将诗中的“你”解读为他的学生；我想，我们也不妨将诗中的“你”解读为理想。好的理想，像爱情，温暖寒苦的人生；像信仰，烛照黯淡的生命。

你的理想还在吗？

童心不凋

下雪了，世界一片白。站在五楼的窗前，看见一个孩子奋力挣脱了父亲的手，在雪地上恣意撒欢；年轻的父亲急了，弯腰抓起了什么，冲孩子劈头盖脸打过去。我一惊，在心底叱骂着那父亲的鲁莽。但是等等，看那父亲的扬手处，散落的居然是一道雪粉！我舒了一口气，不由地跟着楼下的父子哈哈大笑起来。我想：老天也有童心呢，它把淋淋的雨团成了玉、雕成了花，抛洒到人间，逗弄得所有童心未泯的人都想跑到雪地上去有所作为，也好以自己的童心去酬和老天的童心。

我想起一个女孩，在院子里堆了一个雪人。妈妈给女孩洗了头，又用电吹风吹干了女孩的头发。女孩觉得那热风吹拂的感觉煞是舒服，便央求妈妈也去给雪人吹一吹。妈妈说，雪人是不能用电吹风来吹的。女孩不信，执意要让妈妈去吹。妈妈拗不过女儿，只好举着电吹风去为雪人吹“头发”。结果你一定猜到了——雪人被吹融了。女孩大哭起来。而我，在这个故事之外开心地笑。

也是一个雪后的日子。我坐在车里，看到路上有不少汽车披着厚厚的雪衣在跑。我跟司机说，这些车没有“卧室”，又碰上个懒司机，它披着一身雪，让人看上去怪冷的。但是，有一辆红色的车，精神抖擞地超过我们。我和司机一同叫了起来——因为，那辆车的顶上覆着厚厚的雪，而雪上居然密密麻麻地插满了青枝绿叶的枝条！很快我就发现，整条街上的人都在看着这辆车大笑。我跟司机说，快，追上它，看是什么人这么有创意？我们追上了那辆车。我看见开车的竟是一位花甲老人，而他的身边坐着一位盛装老太。

我不知道你是不是如我一样，会在这样的故事面前羞惭起来？孩子有通透的童心，青年有鲁莽的童心，老人有青翠的童心，连老天都有玲珑的童心！叩问灵魂，我们的童心是否已凋败？

“六一”是童心的节日。在那天，我做了一件在别人看来不可思议的事情，那就是给一位退休老人发了一条短信：“找个理由祝福你，快快乐乐过‘六一’。”而那个领受了我的这番美意的老人居然立刻回复短信说：“哇噻，本超龄儿童，巨幸福！”

说真的，我不喜欢那些太懂事的“小大人”，更不欣赏那些冷面铁心、宠辱不惊、凝重沉郁、深藏不露的所谓“很成熟”的人。我喜欢像孩子的孩子，我欣赏像孩子的大人。我一直深信，那些看到美好的事物不懂得欢呼的人，看到丑恶的事物也定然不懂得愤慨。那把叫做“麻木”的刀子，每天苦心寻觅着成熟的心灵，它的事业就是剥蚀你的童心，让你彻底排斥为雪人吹“头发”，彻底排斥在车顶的积雪上“种树”。当你面对童心铸成的美丽错误连笑都无力往脸上支付的时候，它便已大功告成。

下雪的日子，老天也在提醒你重拾失落的童心。你愿不愿意陪着自己走到户外，孩子般到雪地上去撒点野？

有一种疾患叫“扮富”

在网上读到了这么一则消息：巴西副总统若泽·阿伦卡尔在中国访问期间，参观了一所用现代化武装到牙齿、连课桌椅的材质与样式都相当考究的豪奢的小学。回国后，在一个有多名巴西各市市长参加的会议上，副总统说到参观该小学的情景时禁不住潸然落泪，他感慨万千地说，如果巴西能有这样好的教育，怎能不富强？记者分析他流泪有两层意思：一是为中国教育如此发达而深感震惊，二是为巴西教育与中国教育差距如此之大而深感焦虑。

在这则消息的下面，有许多网友的跟帖。有人说，这个小学够强，把人家巴西副总统都吓哭啦！有人说，这个副总统真好糊弄，竟把看到的事当真啦！还有人说，他怎么不随机参观一所小学呢？如果那样的话，我猜他可能会笑的……

我曾作为中韩友好夏令营的随团教师，带学生到韩国参观访问。在我们到达韩国的时候，韩国的夏令营师生也到了中国。我们的团长和接待韩国朋友的中方负责人总保持着热线联系。我们团长传回国内的信息是：我们吃的饭太素，上顿下顿吃泡菜，孩子们想肉吃都快想疯了。国内传来的消息却是：韩国的孩子们在丰盛的宴席前全惊呆了，前几天吃得很欢，后来就抱怨太腻了。

瞧，我们就这么喜欢摆阔。其实，人家巴西的教育比我们发达，并且从幼儿园到大学，凡是公立学校都一律不收费的；人家韩国的美味也不少，烧烤、参鸭煲等都是颇诱人的。只是，我们“扮富”的勇气实在是令他们望尘莫及。

不知道我们怎么就那么热衷于炫耀，那么热衷于博取别人艳羡的眼神。我们追着人家喝彩，并修炼了一种欣然领受这喝彩却丝毫也不脸红的本领。我们惯于用丰盛、丰饶、丰裕、丰赡来惊吓别人，不把别人吓出个好歹来就舍不得罢休。

“扮富”真的是一种病。它是“贫穷”身上长出的毒瘤，是“虚荣”身上生出的恶疮。

真正富有的人往往不露富，真正有内涵的人也不会浅薄到跟人

“斗富”。物质的贫乏不是致命的疾患，精神的贫乏才是病入膏肓。当我们麻木到了展览虚假的东西却恬然自安，挥霍国家的财物却误以为是在为国家赚取脸面时，我们就应该管自己叫“病人”了，因为我们患上了可怕的“羞耻感缺乏症”。

要医好这疾患也并不难，那就是凡事让良心做主。炫耀豪奢的时候，想想那些“黑屋子，土台子，里面坐着泥孩子”的乡村小学；大吃大喝的时候，摸着胸口跟自己说一句“假如这是在挥霍我爹妈挣的钱……”我想：这样的话，我们在“扮富”的时候大概就不至于像某影星“扮嫩”时那么超级坦然了吧？

儿子的“第一”

这是一位研究心理学的母亲讲的一个真实故事——

有一天，读初一的儿子放学回家，一进门，就兴冲冲地对我喊：“妈妈，今天我得了个年级第一！你猜猜看啊，我究竟什么得了个第一？”

我有些不相信自己的耳朵，因为我儿子是个各方面都特别差的“问题学生”，经常被班主任请家长。他能在哪方面得第一呢？不可能是学习，也不可能是品德，体育吗？也不大可能，因为我儿子是个胖墩儿，体育课经常“见习”的。

那会是什么呢？

“是劳动吧?”我问。

儿子说:“不对。”

我说:“要不就是个倒着数的第一。”

儿子有些不高兴地说:“才不是呢,绝对是个正数第一啊!”

我只好说:“那妈妈可真猜不着啦!”

儿子兴高采烈地跑到我跟前,呲着牙冲我笑,用手指着自己的牙齿说:“就是它啊! 今天我们年级体检,医生差不多把全年级同学的牙齿都查完了。轮到我时,她叫了起来:‘你们快来看啊! 这个孩子的牙齿是整个年级中最好的! 健康、整齐、洁白、漂亮,他都可以去为牙膏、牙刷做广告啦!’她这么一说啊,所有的人都扭脸看我——特别是那几个戴着牙箍的同学。这把他们羡慕坏啦,也把我得意坏啦!”

我有些哭笑不得,想提醒他说:儿子,在牙齿上得了个第一就欢喜成这样啦?你知道吗?只有奴隶和骡马的牙齿才是最被看重的,而你是个学生,是个以学习为天职的学生,你可以凭靠自己的努力夺得许多第一,但是,你没有! 你所拥有的第一,是最不值得夸耀的第一,是说出来惹人耻笑的第一啊!

如果我这样说了会怎样呢?儿子再也笑不起来了,我自己的心情也会因此变得灰暗,更重要的是,儿子的牙齿会变成耻辱的记号,每当他刷牙、照镜子,耳畔就会响起妈妈无情的嘲讽……

知道我是怎么做的吗?我惊喜地扳过他厚实的肩膀,瞪大眼睛说:“来,让妈妈好好看看,排全年级第一的牙齿到底有多漂亮! 儿子,这个第一得来可不容易啊! 首先是妈妈的功劳,你的乳牙和恒齿长出之后,妈妈都跟保护眼珠子似的保护着它们,你吃一点点甜的东西，妈妈马上就提醒你刷牙，生怕你得了龋齿；其次也是你自己的功劳，你换牙的时候特别听话，长出新牙从不用舌头去舔，每天早晚按照妈妈教你的方法认真刷牙。你看，咱们夺得这第一多不容易啊！其实，世界上所有的第一都不大可能是轻易得来的；不过，你还得明白，世界上所有的第一都可以通过有心人的努力去获得。这个第一可是个好兆头啊，我相信，肯定还有好多的第一等着我儿子去拿呢！”

打那以后，我发现我儿子特别喜欢笑了，用他自己的话说就是“经常让牙齿晒太阳哦”！更让人欣喜的是：初二时，他评上了学校的“阳光男生”；初三时，他捧回了“三好学生”奖状……

不仅仅是孩子，所有的人，都有一种被欣赏的心理需求。谁愿意聪明地降低欣赏的门槛，谁就能获得不期然的丰厚回报。

孩子的救助方案

暑期，单位组织大家去青岛旅游。我们乘坐一辆旅游车，跑的是高速公路。在一个县级服务区，我们的车停下来，车长招呼大家下去活动一下。

从空调车里下来，就像钻进一个巨型的大高炉。我的邻座李子买来了冰淇淋，跟我说，还要等半天呢，吃吧，灭灭火！我们便站在树阴里吃起来。李子边吃边指着脚下一片披着厚厚尘土的蔫巴花问我，你说，这是什么花——脏得都没模样了。我皱着眉头，努力辨认着那些活得彻底丧失了尊严的植物，猜测般地回答，好像是串儿红吧——咱们办公大楼后面栽的那种花？李子说，我看不像，哪有这么难看的串儿红？“串儿黑”还差不多！我说，不是串儿红那会是什么花呢？我可猜不着了。李子叹口气说，真惨，这也叫开花的生命！我也在心里叹了口气，为这蒙尘的花朵，为这蒙尘的生命。

过来了一个满头大汗的小男孩，手里拿着和我们同样牌子的冰淇淋，炎热把他赶到了这棵树下。他不是我们车上的，但显然也和我们一样乘坐长途车，在这个服务区稍事活动、休息。很快，他也被脚下的那片花吸引住了，猫下腰，十分惊奇地打量着这一片脏兮兮蔫奄奄的开花的植物。看了一会儿，他就跑开了。我和李子交换了一下眼色，心照不宣地笑起来。我们的笑中包含了这样一层意思——丑陋的花朵，谁愿意在它跟前久留！

我们万没想到，那个小男孩很快又满头大汗地跑了回来。他一只手拿着冰淇淋，另一只手拿着一瓶纯净水。他站在那片花前，开始认真地用那瓶纯净水给满面灰尘的花朵“洗脸”。我和李子默默站在男孩的身后，眼看着那叶儿变绿了，花儿变红了，世界变清明了。我和李子同时确认了那花——串儿红，美丽的串儿红……

时间过去很久了，李子还经常和我提起这件事。她说，你必须承认，这个世界上是有天使的。面对一片面目全非的花朵，我们只知道叹惋讥诮，根本想不到去拯救、去援手。我们想得很多，想得很复杂——我们追根溯源地探询：种花人呀，你连一棵花的本色都无力捍卫，何苦还要把一份无辜的美丽撒播到人间？我们义愤填膺地追问：是谁让这娇美的心思蒙羞？为什么不设法把侵害花朵容颜的沙尘降伏……我们作为一个匆匆而过的旅人，站在一朵被世界弄脏了的花前，头脑里起了风暴，在那短短一瞬间，我们被自己的想法感动，觉得花前的“我”很深邃、很人文。但是，一个孩子，一个透明的孩子，他或许什么都没有想，就拿出了完美的救助方案！他也只是偶然路过这里，偶然撞上了花黯淡的眼神，可他不允许自己坐视不顾，不允许自己面对着一片“串儿黑”心安理得地吃冰淇淋。他的纯净水，先洗净了自己的心灵，然后才洗净了花儿的颜面啊……

一根刺带出一颗心

那是一档访谈类节目，被邀请的嘉宾姓钟，40 岁，是个被错抱错养的孩子。他说，那一天，我和我妈去拿 DNA 鉴定结果，鉴定人员说，我和我爸、我妈没有血缘关系。我听后差点晕倒。我妈耳朵有些背，问我，那人说什么了？我大声说，他说我不是你的儿子！我妈听后没有说话。我们一起往家走，一路谁都没有说话。到家了，我拿出钥匙开门，突然心里就十分不好受。我问自己，这是我的家吗？我怎么一下子在这里“全托”了 40 年？

整个节目做下来，钟先生都是无比痛苦迷茫的表情。节目中穿插了一些钟妈妈的镜头，老人家一直在哀哭，她在精良仪器的测定结果中失去了疼爱了 40 年的儿子，也把自己难以辩解的忠贞置于丈夫愤怒怀疑的目光之下。一瞬间，她的家、她的爱、她的一切土崩瓦解。

我叹息着，想起了不久前读到的另一个故事。那是一位知名作家写的关于他自己的真实故事。在他很小的时候，他的母亲就将自己腹部的一道疤痕指给他看，对他描摹他出生时曾带给母亲怎样的痛苦。后来，他得知了母亲腹部的那道疤痕本来却与自己无关，他只是偶然闯进了母亲怀抱的一只失却了家园的小鸟，而母亲却将这天赐的礼物视若至宝。真相幽灵一般在每一个白天或黑夜里徘徊，但是，母亲没有说穿，儿子也没有说穿。儿子的孝顺远近闻名，并且，他有许多温暖的文字，都是奉献给这个一直用善良的谎言温暖着自己身心的老人的。直到老人去世，他的那篇忆念慈母的散文也只是隐约谈及自己的身世之谜。他不是对自己的来路不甚了了，而是担忧慈母哪怕是在走远之后，也会听到儿子被真相撕扯时那痛苦难耐的呻吟啊！所以，他连纸张都瞒过了。我把那篇佳作推荐给我的孩子读。读完之后，孩子问，妈，那他到底是不是抱养的呢？

上帝犯过太多的错误，太多的错误都需要纠正。但有一样错误，我们纠正的时候就又不自觉地铸成了更大的错误。上帝把一个生命投进了一个空虚寂寞的怀抱，那怀抱顿时温暖充盈起来，四季都拥有了甜美的梦想。那小人儿哭了，母亲便找出千般理由自责；那小人儿笑了，母亲便有了万重理由欢跃。多吃一口则喜，少吃一口则忧。顶在头上怕歪了，含在嘴里怕化了。从及腰高到及胸高再到及肩高直到高过母亲的头顶，这个过程，是石头开花的过程——连石头都要被这伟大的爱感动得生了根、发了芽、开出美艳芬芳的花朵，更何况人呢！那个最初的怀抱，不管它是否曾被血缘注册，它都是我们正宗的家园。真实的养育，真实的疼爱；琐碎的欢乐，琐碎的忧伤。那个怀抱比世界还要大一些，却能将小小的我们搂得很紧。真相横陈，谁又能够轻易抽身？好比是，我们本想从血肉中拔出一根刺，可随着那刺拔出来的，竟是一颗活蹦乱跳的心哪！

送给“瘆妮”的香水

那年暑假，我躲在家里埋头读书，准备考研。我的太姥姥家——也就母亲的姥姥家——来了电话，说是母亲的一个表舅病危。我便揣了几本英语书，陪母亲去了太姥姥的村子。

那是我第一次也差不多应该是最后一次去那个村子，我想象不出那个总被母亲念叨的村子竟可以烂到那种程度！在满是躲也躲不开的干的湿的猪粪的街上，一群十来岁的男孩一丝不挂地奔跑，弄得我都不好意思在他们面前抬头。我问去接我们的母亲的表舅妈：“这些孩子都这么大了，怎么连个裤头都不穿呢？”母亲的表舅妈说：“穿什么裤头啊？这样光着，又凉快，又省！”

我们见到母亲的表舅时，他笑说，他去阎王爷那里报到，阎王爷又把他轰回来了。这个比母亲大不了几岁的所谓“表舅”，打架般地要留母亲住两天。母亲不愿拂了人家的好意，便爽快地答应了，却气得我在一边毫不掩饰地大声叹气。

我在那个小村里第一次见到了虱子。我头皮发麻，头发都乍起来了！恰好我包里装着个塑料浴帽，睡觉的时候，我就用那个浴帽把脑袋整个罩起来。母亲说："你疯啦！这么大热的天，会热晕的！"我赌气说："就算热死，也总比爬一脑袋虱子强吧！"

我们带去了不少的礼物，分别送给了一些说不上是亲戚还是乡亲的人。当母亲把一条云烟送给一个她叫"他四舅"的人时，那个"他四舅"哭了，说："正好，明天给我爹上坟时带上几根。"

母亲小时曾住在姥姥家，对这个小村感情极深。她意兴盎然地挨家挨户去串门，我呢，却在一棵大石榴树下发泄般地读英语。

礼物很快分完了。母亲一个劲儿地后悔，说东西带得太少了。我心想，就是搬来一座超市，也不够给这一村子的人分啊。

就在我们要离开的时候，来了一个模样俊俏的瘦女孩。母亲的表舅妈说，她叫"碜妮"，是谁谁家的孩子，眼看要上初三了，正利用假期找一个本村的大学生补课，一直没腾出时间过来。母亲照例先和那个女孩论辈分。这一论之下吓了我一大跳，这个"碜妮"，居然管我白发苍苍的老母亲叫姐姐！

"那我呢？"我急不可耐地问道。

"你？"母亲笑呵呵地说，"你自然管她叫姨呗！"

我晕！这么个小毛孩，竟然是我姨！

"碜妮？你怎么叫这么个名字啊？"女孩只管抿嘴笑，不吭声。母亲抢着说："'碜妮'是这里的方言，意思是丑丫头。不过，这里的风俗是，名字的叫法跟实际情况刚好相反。你看这个'碜妮'，长得多俊啊！"

看得出，母亲十分喜欢她这个小妹妹。拉着人家女孩的手，左看右看看不够。看着看着就说了，眉毛长得随她娘，鼻子长得随她爹。末了，母亲把我拉到里屋说："这可咋办？送这孩子点啥呀？要不，把你的香水送给她吧。"

我呆了，竖着眉毛对老太太嚷："亏你想得出！知道吗？我那瓶香水可是CD牌的，值三十多欧元呢！"

母亲朝我打手势，示意我小声点。

听我嚷完，母亲柔声对我说道："别觉着把你的名牌香水给一个乡村的穷孩子就糟蹋了。你去告诉她这香水的价钱，让她长志气，为能过上买得起这么贵重香水的生活而踏心学习。说不定啊，这孩子的命运就彻底改变了呢。我瞅着这孩子挺灵气的，不像是土里刨食的料儿！"

我一百个不情愿地掏出了香水，把它递到了母亲手中……

那年的研究生考试我落榜了，我气鼓鼓地对母亲说："踩了一脚猪粪，这晦气就一直甩不掉，哼！"

一晃八年过去了，当年的那个砂妮大专毕业后参加了工作。前不久她来看我，依然瘦瘦小小，模样却更俊俏了。她含着眼泪对我说："那年，你和我姐姐在里屋说的话我都听见了。说实话，我曾怨恨你舍不得把香水送给我，我也知道自己根本配不上它。可你知道吗，在我心里，我姐姐的那番话比香水的作用大。那香水我一次都没用过。我高考那年，它已自然挥发完了，我却一直保留着那个空香水瓶子，懈怠的时候就看它一眼，看它一眼心里就充满了力量。我总觉得自己没脸见我姐姐，虽说我考上了大专，但我知道这并不理想，不管是读大专的时候还是工作以后，我一直都在自修着本科课程。今天，我终于凭实力考上了研究生。我要告诉我姐姐，是她当年的那一番话激励着我走到了今天……"

送走了这个我喊不出“姨”的女孩，回到屋里就拨通了母亲的电话。我说：“磣妮来过了。她真不简单，考上研究生啦。”

母亲问：“她没告诉你她考上的是哪所大学的研究生吗？”

我说：“没有。”

母亲说：“就是你当年没考上的那所大学啊。”

假如今天是生命的最后一天

这是我给高三年级学生出的一个作文题。面对这个题目，许多同学茫然地瞪大了眼睛：“怎么会呢？”我说当然，这一天的到来可能还十分遥远，现在让你们这些不识愁滋味的少年来思索这样一个沉重的问题，的确有点残酷，但我想你们不应该回避它。能认真思索它，你们会更加热爱生活、理解生命……

作文交上来，我看到了那么多发自内心的动人表白。

女生陈说：“18年前的今天我来到这个世界。假如今天是我生命的最后一天，我一定要趁着灿烂的阳光还照耀着我的脸时，对我母亲说，妈妈，感谢您给了我一次生命，感谢您18年来供给我可口的饭食、美丽的衣服，以及丰沛的情感。”

男生李说：“假如今天是生命的最后一天，我将像《最后一课》中的小弗朗士那样用心记取先生的每一句教诲，把学习当成享受而不是苦役。”

男生吴说："我会鼓足勇气向所有曾受到过我伤害的人致歉，对他们说，请原谅我的过错，相信我不是有意的。做完了这一切，我将回到故乡的山林里向鸟儿投食，并要向它们忏悔，原谅我小时候掏走了那么多鸟蛋，杀死了那么多小鸟，如果在我去的那个世界里也有像你们这样羽翼翩翩的精灵，我将爱它们如兄弟。"

女生杨说："我会走上大街向每一个过往的行人行注目礼，我要永远记住红尘中凡俗人们的一举一动、一颦一笑，我要告诉所有的人，好好活着，别抱怨，别气馁，永远别忘了，我——一个即将辞世的人，羡慕你们！"

男生徐说："我会用自己所有的钱给关爱了我十余年却一直被我唤做'阿姨'的继母买件礼物，当然，我还要响亮地叫她一声妈妈。"

…………

我被这些"假如"后面涌动的真情深深打动了。我想，我们一生可能会有那么多遗憾：疏忽了爱的表白，遗忘了情的倾诉；对亲友的轻慢，对生活的懈怠；心灵的麻木，情感的冷漠；虚荣狂妄，蝇营狗苟……这一切，全都是在那"最后一天"无情抽打我们灵肉的皮鞭啊！伟大与卑微的生命都将转瞬即逝，"来不及"该是世界上最让人伤感的词语吧？人生可数，从呱呱坠地到撒手人寰，最多也不过三万多个日夜。"草木一秋"、"飞火流萤"、"匆匆过客"，生命如此轻飘，如果你不以真诚和努力填满每一个日子，你的生命怎能不憾迹斑斑？

假如今天是生命的最后一天？

是的，让我们一起好好想想。

第二编

中国家长的是与非

有一种“爱”其实是害

我们学校的老师们都知道这样一个故事：一位数学老师讲公开课，讲的内容是有理数。孩子们用无限钦仰的目光捧着自己敬爱的老师，可那位老师的思维却频频断流，硬是将有理数讲得无理、无序、无趣。坐在下面的老校长不忍卒听，快步走上讲台，对那糊涂至极的老师说：你闪开，我来讲！

有时候，面对那些自以为身怀爱的绝技的糊涂家长们，我总有这样一种冲动——快步走过去，对他们说：你闪开……

起床就像一场战争

孩子上了高中，要住宿，这可愁坏了孩子的家长，不为别的，就为孩子每天起床这件“天大”的事。家长跟老师说，不怕老师您笑话，我家孩子每天起床都像一场战争，两个闹钟根本吵不醒他，必须得有人去推他，劲儿小了还不行，得使劲推，好不容易推着坐起来了，你这边刚抬脚迈出门去，他那边又躺下呼呼睡着了——你说我家宝贝这觉怎么就这么多呢？这位家长还真有办法，自己不能每天跑三十多公里的路来把孩子从被窝里拽起来，就把这光荣而又艰巨的任务交给了孩子的“舍友”，每天起床的时候由舍友推他。那家长也不让人家白推，声称可以“按月付酬”，只是人家舍友境界挺高的，说什么也不要。

“起床像战争”的并不止这一个孩子，在这场战争中与孩子“并肩作战”的也不止这一位家长。宿舍楼里装有电铃，铃响了，热被窝里的“懒虫”却舍不得起来，再“眯”一会儿是因为心里有指望——五分钟后，冷酷的电铃不响二遍，温柔的电话却会准时响起——亲爱的爸爸、妈妈会打来电话，唤宝贝起床。偶尔一次叫得不及时，误了早操，老师批评学生，学生批评父母，父母呢，只有乖乖听着的份儿。

“赖床”只是一个小小的毛病，但是，“赖床”的孩子大都善于怜悯自己、迁就自己，不愿意直面困难、迎击挑战。在起床这场“战争”中屡战屡败的人，连太阳都不懂得去迎接，又怎么可能拥有朝日般的辉煌人生？

开水它不长眼呀

宿舍要求大家轮流做值日，每当轮到一个女生值日的时候，她的老妈就大老远跑到学校来，放下笤帚拿拖把，在宿舍里好一通忙。

她到开水房打水时，简直成了学校一景——一手提三个暖壶，像杂技演员一样，被六个色彩绚丽的暖壶簇拥着从水房向宿舍楼走。教导处的老师知道这一情况后，批评了那个女生，希望她“自己的事情自己做”，别总烦劳老妈来帮忙。女生答应了。但时隔不久，学校里又开始上演那个慈母的“杂技节目”了。教导处的老师只好直接与这位家长对话：希望您相信自己的孩子可以做好她力所能及的事，希望您不要粗暴地剥夺您女儿劳动的权利。这位家长听了之后十分生气地说：敢情不是你们家的孩子！实话告诉你说，我们家闺女在家时从来都不摸暖壶的，喝水都是我和她爸给她倒——那开水它不长眼呀，说烫了你就烫了你。一个细皮嫩肉的女孩子家，哪禁得住开水烫呀？弄不好出了伤，那可是一辈子的大事啊！

学校要求学生自己洗衣服，禁止学生往家背脏衣服。做母亲的急坏了，悄悄潜入宿舍，去“偷”孩子的脏衣服，结果被管理员发现，把她当成了窃贼。（其实，她是另一种窃贼——偷走孩子劳动机会的窃贼啊！）

我认识一位外科医生，手的功能被他开发得令人叫绝。那一双操手术刀的手，善丹青、长书法、会弹琴、能钩编，68 岁上又学会了使用电脑。我深信——巧能催生巧，拙也能催生拙。一双连衣服鞋袜都洗不干净的手，谁能相信它日后可以在实验室里有所作为？

他跟你逗着玩儿呢

王老师刚一接手高二年级这个班的时候，就有一个男生找到她问，老师，你多大岁数了？王老师回答：34 岁。那男生听后点点头说，跟我猜得差不多，老师，我想告诉你——我不喜欢你这么大岁数的女人，太老了，不容易和我们沟通交流，再年轻10岁还凑合。王老师听了这个男生的话后一时竟无言以对，她实在不知道作为一个学生怎么可以这样直言不讳、淋漓尽致地对自己的老师表达心中的恶感。她万分沮丧地想，要是学生挑剔自己身上别的毛病还可以想办法努力改正，但在年龄上犯的错误可咋改呀！不久后的一天，王老师要去上课，在走廊里看到了这个男生，她关切地问，小预备都响过了，你怎么不进教室呀？那男生瞪大蹿火的眼睛看着她，口齿异常清楚地说，我等迟到呢。王老师以为自己听错了，便又问了一遍，那男生也便又回答了一遍。王老师终于被气哭了。王老师与男生的家长取得了联系，想跟家长共同探究一下给孩子"灭火"的良策。孩子的父母双双赶来，在听完王老师细述事情原委之后，孩子的父亲指着孩子的鼻子说，你这孩子可真能惹事，念初中的时候……不想那男生居然啪地一下打开父亲的手，眉毛一竖，脖子一梗，反指着父亲的鼻子说，你给我住嘴！大家全都僵住了。最后还是母亲站出来打圆场，这孩子从小就爱逗——整天跟他爸就这么瞎逗。你们当老师的，不是号称"人类灵魂的工程师"吗，那就别跟小孩子一般见识，就只当他也是跟你逗着玩呢！

王老师事后跟我说，我看这孩子满心的仇恨与敌视，活得那么不快活，很想和他的父母一道救起他那颗往痛苦的深渊里越坠越深的心。但是，当我见到了他的父母，我知道推动着这颗心不断往下坠的力量究竟来自何方了。

B怎么没有来

绰号“小麻”的男生是一个不可理喻的孩子。因为生他的时候父母年龄都偏大，所以他从小就以有这两个因太老而“拿不出手的家长”（小麻语）感到恼羞。他懒得喊他们爸爸、妈妈，平日里与他们你我相称，到了高中，他为这两个人编了代号——男的叫A，女的叫B。一次开家长座谈会，本来讲好是妈妈来的，但因妈妈临时有事，爸爸便来了。小麻一看到爸爸就老大不高兴，劈头冲他大叫：你怎么来了？B怎么没有来？可怜的老A小心地赔着笑脸，跟儿子说，那什么，我……我待一小会儿就走。

一次小麻与同学闹别扭，同学担心惊动了老师，就对小麻说，现在我不理你，等放学回家的路上看我怎么收拾你！小麻是个胆小鬼，最怕皮肉受苦。他便找到班里的一个好朋友，塞给他一个纸团，让他放学前务必转交给那个扬言要“收拾”他的同学。那个同学接过纸团，非常诧异，不知道小麻葫芦里卖的什么药。几个好奇的脑袋凑到一处，想看看纸团里到底包着什么好东西。纸团在桌面上被捋开——里面啥都没有，就是一张绘了草图的纸。几个人仔细地看，似乎是学校到一个工厂的线路指示图，在一个十字路口，标着一个醒目的惊叹号，旁边写着：晚9点10分。大家看懵了——怎么？莫非小麻豁出去了，要跟仇人在这个时间、这个地点进行决斗？正猜测间，一个同学无意中翻过那张皱巴巴的纸，只见反面清清楚楚地写着：今晚我家A要在9点10分经过这个路口，要打，就去打他吧，别打我。

试想，一个可以如此阴冷卑劣地给自己的老父安排了“沙袋”角色的孩子，我们还能指望着他去忠诚谁、热爱谁？

她当然在家

她是一个喜欢用奶瓶喝水的女生，用她自己的话讲就是，爱嘬，管得着吗！就这样，“爱嘬”成了她的外号。

“爱嘬”喝不惯学校的水，一喝准过敏，于是父母就买成箱的矿泉水给她“嘬”。“爱嘬”特别爱说谎，每次请假都能编出一个“不俗”的理由——我奶奶去世了。我爷爷要结婚。我大爷和我大妈举行“银婚”庆典。我姐姐要到国外去度蜜月……所有的红白喜事她都必须参加，不去绝对不行。其实老师心里明白，这孩子网瘾极大，她每次请假，都是“勤奋”地上网去。

后来老师就不再准许她的口头假，要求必须交上有家长签字的假条才考虑给她请假。她轻松愉快地就把家长签字的假条搞到手了。老师左看右看，看不出什么破绽，却又满心狐疑，便打电话给她母亲。她母亲说，她是真的有事啊，老师你就准了她假吧……有一回，“爱嘬”没请假就跑了，班主任老师非常着急，一边派人去找，一边给她家里挂电话。那天接电话的是“爱嘬”的父亲。老师说，您女儿没请假就擅自离校，我担心她又去上网了……不等老师讲完，对方就开口了，我女儿在家呢。老师不相信地追问了一句，您说您女儿在家呢——真的吗？对方有些生气地说，我女儿当然在家！她身体不舒服，刚刚睡下……老师举着话筒，不知说什么好。一扭脸，竟看到两个学生陪着“爱嘬”进了办公室的门！老师气得脸色发白，对

“爱嘬”说，你过来，告诉你爸刚才你去了哪里！“爱嘬”接过话筒，蔫蔫地说，老爸，刚才……我去了网吧，老师派两个同学把我找了回来。

古人说，从善如登，从恶如崩。假如您想让孩子学习您身上的一条优点，对不起，他可能终其一生都难以学到；但假如您想让孩子学习您身上的一条缺点，恭喜您，您的理想定能百分之二百地实现！

我就想要……

他说他挺爱这个世界的——家庭条件那么好，爷爷、奶奶，爸爸、妈妈又疼他，学习成绩也不错，人长得还挺“酷”……小时候的一个晚上，妈妈带他去朋友家串门。回到家，他突然发现一直攥在手里的一块糖没了。那糖是妈妈的朋友给他的，他家没有这样的糖，但是他要！他要！他一定要！他打着滚地哭。爷爷、奶奶，爸爸、妈妈实在心疼，便带上手电，倾巢出动，沿着来路进行“拉网式”大搜寻。眼看到了12点，糖还是没有找到。妈妈看着因绝望而哭得死去活来的孩子，终于硬着头皮敲响了朋友家的门……

他要什么就准能得到什么。后来他长大了，想要一个女朋友，但是他看上的女孩根本看不上他，他不再打着滚哭，而是拿起一把刀子割破了自己的手腕……在医院，他被抢救过来。但是他又开始绝食。父母哭着对他说，你想把我们急死？不就是一个女孩吗，你人生的路还长着呢，好女孩多得是。他恨恨地说，但是我就想要她！要她！要她！

是的，从没有过挫败感的心凭什么不可以歇斯底里地疯狂叫嚣

“我要”！得到了是天经地义，得不到就自伤自残。从那块丢失的糖开始，这个孩子就被无休止的满足温柔地团捏，直至团捏得失去了人形……

作为一个教师、一个母亲，我想对天下的父母们说：让他做事，让他在做事中明白责任；让他受苦，让他在受苦中懂得珍惜；让他失败，让他在失败中获得对失败的免疫；让他流泪，让他在流泪中体会泪水铸造的坚强。甚至可以让他受点伤，让他学会体悟舔舐着伤口匍匐前行的伟大与悲壮！别剥夺了他“痛”的权利，别侵犯了他“人”的尊严。他不是你的私有财产，他有自己的生活和世界。有太远的路你不可能陪他去走，他必须独自步入人生的考场，去面对那些你永远无法料及的莫测的风云。爱的能力说到底其实是造就的能力，千万不要用你浅陋的爱戕害了孩子原本向上向善的心啊。

谁打了我的孩子

看钱文忠先生的博客，读到了一段令人放不下的文字。钱文忠先生说，他的父亲受过很好的教育，但老爷子就是看不得儿子教育孙子。有一次，他教训儿子，老爷子在旁边就有些不快。儿子说：“爸爸，你为什么用这种口气跟我说话?”他说：“因为你错啦!”儿子说：“错了也不能用这样的口气跟我说话!”他说：“《三字经》没读过?”儿子说：“你不就是想说‘养不教，父之过’吗?”他说：“是啊!”

儿子说："你前两天不还讲《弟子规》了吗？《弟子规》里说'首孝悌，次谨信'。你都不让你老爸高兴，凭什么我让我老爸高兴？"

我在我们小区目击过真实的一幕，简直就是钱家故事的"夸张版"——有个打牌的男子在众牌友面前凶蛮地打哭了缠着他要钱的儿子，儿子边抹着鼻涕眼泪边往家跑。工夫不大，奶奶就气汹汹地拽着孙子来找打牌的男子来算账。老太太流畅地在她儿子的脑瓜子上"啪、啪、啪、啪"扇了四下子，回头跟孙子说："别哭了，奶奶给你出气啦！"孙子遂破涕为笑，示威般地朝刚挨了扇的老爹晃着奶奶给的一张百元大钞，蹦蹦跳跳地跑开了。

在上海一个关于教育的论坛上，话题扯到"自家的孩子能不能打"。一位被论坛抬举得很高的先生坚持认为，自家的孩子坚决不能打！因为这孩子不是你的私有财产，你没有权力向一个"国家小公民"施暴；还因为这孩子有他作为人的尊严，你不可以将你的价值观强加到孩子头上……他说得十分激动，眼镜滑到了鼻头的位置也顾不得扶一下，食指坚定地指戳着前排与会者的头，仿佛他们刚刚对自家孩子施完暴赶到会场。他落座后，论坛一度冷场。后来，我不知天高地厚地窜到了台上，开口就说："我家孩子上初三了，我还在打他。因为他欠打，所以我打他。"大家哄笑起来。我接着说："我看过一本发行量极大的书，特别喜欢上面的一句话：'私生子是不被管教的，只有承继家业的孩子才会遭受责打。'毕淑敏写过一篇文章，题目就叫'孩子，我为什么打你'。这位母亲说的一段话乍一看多么悖谬：'孩子，我多么不愿打你，可是我不得不打你！我多么不想打你，可是我一定要打你！'和这位母亲一样，我也近乎蛮横地选择了'一定打孩子'。打孩子的时候，我的心，比孩子的肉痛一万倍！打孩子的时候，我在心里说，孩子，今天妈妈打你，是为了明天没有人敢打你！我这样做，是要用牺牲孩子一时的尊严，换取他一世的尊严……”

在巴掌和孩子之间，有一道障壁，它是讲得出道理的疼爱和讲不出道理的疼爱。

钱文忠先生这样定义“独生子女”：“地球上有人类这个物种以来所出现的一个从来没有过的‘亚种’。”这个“亚种”身上出现了那么多令人瞠目结舌的特质。太多的“独生子女”都适合穿一件印有“易碎品”标志的衣衫，最好旁边再加一行醒目的提示语：“务请轻拿轻放！”他们磕不得，碰不得，动不动就玩“离家出走的游戏”——因为他们都无师自通地知晓这样一个道理，再也没有比把自己变没了更让那些老家伙们抓狂的事啦！

早在一个世纪前，苏联教育家马卡连科差不多是摸着今天中国人的脉说了这样一段令人万分沮丧的话：“……独生子女很快成为家庭的中心。集中到这一个孩子身上的父亲和母亲的关怀，往往会超出有益的范围。这种情况下父母的爱在一定的程度上带有神经质。这个孩子病了或者死了，会给这个家庭带来极大的痛苦，对这种不幸的恐惧总是压在做父母的心头，剥夺了他们应有的平静。独生子女很容易习惯自己的特殊地位，变成家中真正的暴君。做父母的往往很难遏制自己对孩子的爱和关怀，不管他们愿不愿意，他们正在培养利己主义者。”他得出的结论居然是：“独生子女是教育不好的。”

“独生子女”的教育问题还远没有解决好，“独二代”又急煎煎地来神州大地报到了。

我曾看过一幅照片，一对娃娃脸的父母，把他们的孩子捆在背上，双双去游戏厅打游戏。估计这一对年幼父母都犯了瘾，谁也不肯向谁让步，不得已，只好拖着个“累赘”去过瘾。那刚刚学会看世界的孩子应该就是个“独二代”吧？他所接受的幼教（甚至包括胎教）多么独特啊！如果“网游”也讲究练“童子功”，这孩子可太值得期待了。

数年前，我在《中国青年报》的《冰点》上看过一篇文章，写的是一个“在理想面前崩溃”的年轻教师，他姓刘。跟我刚走上三尺讲台时一样，刘老师满怀美好的教育理想。但他显然比不上我有耐性，面对那个在课堂上玩扑克、练健美、藏猫猫的男生，他忍无可忍地挥起了巴掌……这下可捅了马蜂窝，他为那一巴掌付出了在全国出恶名的惨痛代价……清楚地记得，我当时特别想知道，那被打的孩子的父母究竟是怎样想的。跳过一千多个日子，我好想带着刘老师看看钱文忠先生的博客，他在博客中说：“作为家长，我倒是希望如果我儿子的老师看他不成器，揍他两下，罚站一会儿，这是应该的。教育部就应该定出这样的规则，对学生要有惩戒。”刘老师，看了这段话，您多少能觉得宽慰点吗？

谁打了我的孩子？天下父母是不是应该多在心里问一下这个问题。索解的过程或许是异常复杂的，谁敢说爷爷今天过度的祖护不是在为孩子的明天赚打？谁敢说奶奶今天的以血还血不是在为孩子的日后储悲？谁敢说从“价值强加”走向“价值屈从”不是给孩子埋下更大的隐患？谁敢说在襁褓中就接受了“网游”启蒙的孩子不是在遭受着精神的宫刑？谁敢说比刘老师的巴掌更强悍的抽打不在觊觎着小太阳们的未来……

我们为什么非要交出打孩子的特权？

每朵花都有盛开的理由

在电视上看“十佳教师”的事迹报告，我看着看着，眼泪就蛰疼了眼睛。我为自己优秀的同行叫好，同时，也由他们的苦累联想到自己的苦累，突然就十分心疼起自己这个“张老师”来，于是眼泪就流得不成样子。

那些人大都是女教师，因为“自古忠孝不能两全”，要干出一番事业，自然就难以很好地照顾家人，她们大都怀了对父母、爱人、孩子的愧疚。

有一个姓方的女教师，讲述了发生在她身上的真实故事。我听后流下了汪洋恣肆的泪。但这泪中除了震惊、怜恤外，还有怨责与伤心、屈辱与愤怒。

方老师的丈夫在外地工作，他们有一个四岁的女儿；方老师教初三数学，同时担任一个班级的班主任工作。这一年夏初，复习进入了“白热化”的阶段。方老师每天早晨6点以前赶到学校，晚上10点以后才能回家。上幼儿园的孩子每天先随妈妈到学校(因为太早，幼儿园还没有开门)，等安顿好了班级工作之后再由妈妈送到幼儿园；晚上7点钟，妈妈将孩子从幼儿园接回家，拔掉所有的电器插头，再将玩具堆放在女儿面前，然后反锁上家门到学校去辅导晚自习。有一天，方老师所在的年级要进行模拟考试，一大早她女儿说自己“特别冷”，方老师摸摸她的额头，感觉有一点发热，但她没有在意。晚上她把女儿接回家，女儿又说“特别困”，方老师便让女儿睡觉，自己急匆匆赶到学校去辅导晚自习。第二天，孩子说没力气起床，要求不上幼儿园，在家里待一天。妈妈也就答应了。第三天，孩子说眼睛看不见东西，这时妈妈的模拟考试也刚好结束，便带孩子到医院去瞧病。结果医生说，孩子因为高烧，角膜已经软化穿孔，彻底失明了……方老师讲到这里不由得呜咽起来。但她平静了一下情绪，马上接着说：那一届学生十分争气，有一半学生考上了重点高中。虽说为他们的成功我付出了高额代价，但我认为值得。他们的成功，是我一生的安慰与自豪！

我的心，在那一刻碎啦。

这个伟大的方老师，竟可笑地以为她送走几个成绩优秀的学生，就可以抵消她对无辜的女儿的罪过！她以工作繁忙为由，无端地给社会制造出一个“累赘”，而她，竟天真地以为这样的行为是可以用来邀功的！她把那个可怜的女儿看成了自己的私有财产，以为牺牲掉孩子正显示了母亲无比高尚的情操！最可怕、最可恨的是把这件事视为“卖点”的评委会成员们，他们究竟想通过方老师这个让人椎心泣血的故事张扬什么？

真正优秀的教育工作者，应首先树立起“为国育儿”的理想，努力培育好自己的孩子。任何事情都不应该成为他们毁弃一个孩子健康与生命的缘由，我们的教育中太应该摒弃那些非人性的东西啦。不要总去夸耀一个老师身患重疾置生死于度外毫不吝惜地抛洒生命，不要总去夸耀一个校长因为考季来临工作异常繁忙便不去为老父亲送葬，不要总去夸耀一个母亲为了不耽误孩子的学习连婆母临终前都不满足她看一眼孙子的愿望……有些人生课业，错过后就永远地错过了，我们终其一生都休想寻到弥补的机会；而有些人生课业，错过后几乎每天都有弥补的机会，我们为什么一定要愚蠢地用“无机会”去给“有机会”殉葬呢？生命柔弱如花，生命短暂如花。我们在寂寞的人生途程中一路走来，应珍视入眼的每一朵花，不管是近旁的还是远处的，不管是寒素的还是雍容的。在花枝下自觉地低头，不要莽撞地碰落了它。给它浇水，对它微笑，鼓励它努力延续花期的美丽。在尘世的花园里，我们应该衷心地祝福每一朵花都有人悉心看护，每一朵盛放着的花都拥有不破损的理由——不是吗？

永不卸任的老师

一个母亲带着孩子去探监。那个镣铐加身的男人问他的孩子，你在学校表现怎样？孩子天真地说，爸爸，我画了一幅画，刊登在学校杂志的封面上了。父亲笑了，慈爱地问，孩子，你画的是什么呢？孩子说，我画的是你，画的名字叫“孤独”。这个有着极好的绘画天赋的父亲心酸地说，孩子，忘了我是你的父亲，忘了我做错的一切，只把我遗传给你的优秀带走吧！

这是一个片子中的片段，我能想象出这个父亲在说这番话时内心会壅塞着多少痛苦。当一个孩子奔赴命运的邀召，赶来做我们的儿女时，我们曾怀着怎样的惊喜和憧憬啊！当他还在母腹中，我们就开始兴奋地勾勒他的长相了。我们希望他能最大限度地吸取两个人的优点，从容颜到性格到天分，都采纳了父母最值得夸耀的地方。但往往事与愿违，孩子忠诚地延续了我们的某种缺憾：眼睛小、鼻子塌、头发稀、个子矮……这还不算，有时竟是把我们本不十分明显的缺憾变本加厉地夸大了。别抱怨，谁让他是咱"正版"的孩子呢！

外貌一旦形成，就不可发生自然逆转。值得我们警醒的是，孩子的品性与人格往往也会不走样地"克隆"父母。

一个母亲，教育她的孩子为人一定要诚实。她教孩子唱歌："小花猫，喵喵叫。是谁把花瓶打碎了？爸爸没看见，妈妈不知道。小花猫对我叫——妙妙妙！小花猫，你别叫。是我把花瓶打碎了。好孩子要诚实，有错要改掉。小花猫对我叫——妙妙妙！"孩子小小的心，就认定了"诚实"原是妈妈顶喜爱的东西。但是，孩子稍大一些的时候，却公然对母亲撒谎！母亲伤心极了，她第一次动手打了心爱的宝宝。她气急败坏地逼问孩子："告诉我，是谁教给你说谎的？"孩子半天才止住哭泣，对妈妈说："你告诉我说，好孩子要诚实。可是你跟你的领导打电话时，说领导这么好，那么好；你跟你同事李阿姨打电话时，却骂你们领导是'混蛋'。"

看，说教的力量是抵不过"示范动作"的力量的！一年新生入学的时候，我在学生宿舍看到有个家长在帮孩子铺床。她居然把上铺的床垫拽下来，在自家孩子的床垫上又加了一个床垫！我气愤已极，冷冷地对她说："请你把这个床垫放回去，立刻！"时隔不久，学校竟又发生了一桩这个案例的“姊妹案例”——新生排座位的时候，班主任让小个子的同学先进教室落座，结果好几个人进去后却并不急于落座，而是冲到教室后面挑新桌椅。我听了这件事后满心悲凉。我不知道这些同学中有没有那个霸气母亲的孩子，但是，我敢肯定地说，这些孩子，一定是得了父母的“真传”。

有个母亲跟我抱怨说：“我的孩子特别傻，给他讲了孔融让梨的故事，他就真学。幼儿园小朋友分水果的时候，他总要那个最小的，回来还跟我显摆。我想骂他，没用的东西！妈妈一分钱没少交，凭啥你就非得学那个孔融吃小水果？你应该号召别的小朋友学学孔融，把大水果让给你吃……可是，我开不了这个口啊！不说他呢，我又担心他一直这么傻下去，等长大后走向社会吃大亏。你说我该咋办啊？”我说：“做母亲的都可能遇到这样的问题。我觉得，孩子心中有他人是万万骂不得的。你若骂，就有可能把父母从他心中一并骂出去。孩子肯吃亏，最大的受益者将是孩子至亲的亲人。所以，我宁肯让自己的孩子因被别人占了便宜而伤心哭泣，也不允许他‘聪明’地去占别人的便宜。”

父母，是孩子永不卸任的老师。你想让孩子长成怎样的人，你就努力先成为那样的人，从外到内，彻头彻尾。不要指望在孩子的脑袋里放置个筛子，让他修得这样的本领——筛掉你的糟粕，仅存你的精华。孩子酷似你的地方不仅仅是相貌，还有品质、德行、性格、旨趣，及其他。

原谅我在这一刻泪下

教育专家应邀到一所小学去指导工作。在他的日程安排上，有一节二年级的公开课。

公开课是一节美术手工课。孩子们的课桌上摆放着早就准备好的剪刀、胶棒、纸、彩笔等。老师宣布，今天要讲的内容是“少数民族娃娃的制作”。

老师精心制作了PPT课件，在《爱我中华》的背景音乐下，她动情地讲解道：“我国是一个多民族国家，56个民族56朵花，56个民族兄弟、姐妹是一家。看，这是蒙古族汉子在骑马，这是朝鲜族姑娘在跳舞，这是哈尼族同胞在过节……”图片很漂亮，课堂气氛很热烈。“孩子们，你们爱不爱我们祖国这个大家庭啊？你们为不为我们的民族大团结感到骄傲啊?”老师在眼含热泪地号召同学们回答完了这些问题之后，又打出了几个装束各异的少数民族女子，让孩子们猜猜她们分别属于哪个民族，她们的衣饰、头饰分别有什么象征意义……时间过去一大半了，孩子们还在接受爱国主义、民族大团结、少数民族风情教育。剩下来的十几分钟，孩子们开始动手做少数民族娃娃。许多孩子根本不会使用剪刀，便索性用手去撕，做出来的少数民族娃娃粗陋不堪。老师却夸赞孩子们说：“你们真棒！”

下课了，老师让教育专家跟孩子们讲几句勉励的话。老专家也不推辞，缓缓走到讲台上，讲了下面这番话——

“孩子们啊，我想给你们讲一个我亲身经历的故事。几年前，我到德国去访问，走在柏林的大街上，突然遇到了雨。我没有带雨具，一身毛料西服是禁不起雨浇的，我决定买把雨伞，恰好旁边就有家商店。我走进商店，跟店员说我要买雨伞。店员热情地递给我一把德国制造的雨伞，我一看，真是一把好伞啊！再看看标价，又在心里快速地与人民币换算了一下——老天，两千多元呢！我尴尬地问店员：'请问有便宜些的吗？'店员又递给我一把台湾制造的伞，看看标价，相当于人民币五百多元，还是贵呀！我的脸发烧了，硬着头皮又问了店员一遍：'还有更便宜些的吗？'店员收敛了脸上的笑容，懒洋洋地抬手一指门边。我快步走过去，看到一个塑料箱子里放着许多雨伞，我找了半天，也没有找到价签，便回头怯怯地问店员：'这伞多少钱一把？'店员咕哝道：'中国伞，白送，不要钱。'听他这样一说，我心里这个难受啊！我的老泪，怎么忍都没能忍住。孩子们啊，我哭了。我咋能不哭呀？三把伞问下来，人家就把我当成叫花子给打发了。我拿不动那'白送'的中国伞啊，我是冒着雨从商店里跑出来的，我的西服湿透了，我的心伤透了……孩子们啊，要想让咱的'中国制造'叫人家瞧得起，就得从你们的手工课开始抓起啊。你们要永远记住，学会使用剪刀，比认出哪个少数民族的头饰更重要；干活精细，把粗制滥造当成一辈子的仇敌，这就是实实在在的爱国主义啊！"

老专家眼含热泪讲完了上面的话。在孩子们的掌声里，老师羞愧得无地自容，她向老专家深深鞠了个躬，说："谢谢您给我上了这生动的一课！我终于明白该怎样教手工课了……"

给他们成长的尊严

有个在“尿不湿”生产车间工作的女工，凭着非凡的身手，每天都能够骗过他人的眼目，将一两包“尿不湿”顺利地夹带出厂。当年，她的孩子还小，正是需要“尿不湿”的时候，她盗出的东西便全部派上了用场。孩子一天天长大，妇人的夹带本领也一天天增强。为了使自己每日提心吊胆偷来的东西不至于变成废物，妇人硬是坚持往孩子的裆里塞“尿不湿”。就这样，孩子直到上小学时都不会使用厕所。

这是个可以当做笑话来听的故事，给我讲这个故事的人本来就是把它当做笑话来讲的。可是听完之后，我却不敢仅仅将它看成笑话。我在想，究竟有多少片“尿不湿”被充满了畸爱之心的人们偷偷夹带而出？又有多少片“尿不湿”残酷地剥夺了孩子成长的权利、侵害了孩子生命的尊严？

千万别冻着

“孩子应该比大人少穿一件衣。”这是西方人公认的真理。但是，我们却怎能舍得？

我的一个邻居，刚刚做了母亲。一天夜里她擂响了我家的门，万分惊恐地说，阿姐，我家的小孩在发高烧！我赶紧随她跑到孩子的床前，帮她为孩子试体温——老天，39.8度！我慌忙叫了出租车，陪这对母子去妇幼医院。值班医生是位五十多岁的慈祥女人，她微笑地看着我们说，把孩子的“蜡烛包”打开。年轻妈妈照办了。医生又说，把孩子的绒衣脱掉。年轻妈妈看看敞开的窗户，犹豫了。医生走过来，娴熟地将孩子的绒衣脱掉了。这还不够，居然又把孩子的一只小胳膊从仅剩的一件薄衣里抽出来。年轻妈妈心疼得快要掉泪了，说，医生，他会不会冻坏？医生说，婴儿的体温是随着外界温度变化而变化的——是你把孩子包得发烧了。

我在有暖气的四层楼上办公，不太清楚外面气温的升降。但我发现了一个现象：只要抬眼看到校门外聚集着拿着棉衣、羽绒服的家长，气温就一定是下降了。那天，听到门卫笑着跟一个前来送寒衣的老熟人打趣，老伙计，怕孩子冻着？让他住鸡蛋里去呀——你说你孵出他来干啥呀！

千万别碰着

我们轻易不敢组织夏令营。因为每当暑假来临，上级总要下达有关文件，将上一年度某地组织夏令营发生恶性事件且至今官司未了的教训说与我们听。

我们的孩子真的好金贵。一个女生，在夏令营中被荆棘划破了面皮，父母硬说孩子本是电影明星的坯子，这下“毁了容”，“明星梦”让学校无情地断送了，要求校方赔偿精神损失费 20 万元。而同一年度日本一个夏令营遭遇洪水，两个孩子送了命，家长赶到出事地点，一边哀哀地哭着，一边向带队老师鞠躬赔罪，说孩子为集体添了麻烦，让老师受累了。

我的一个学生在澳大利亚读书，她在发给我的电子邮件中说："老师，我发现我们班是个特别有趣的班，同学们似乎都长得不太结实，动不动就断胳膊断腿的。现在，我们班就有两个同学打着石膏、架着双拐，可就是这模样了，他们还不肯老实待着，课间的时候，他们居然以双拐为武器，激烈交锋。老师见了不但不劝阻，还和围观的同学一起拍巴掌、看热闹——可是老师，说心里话，我很爱这些半疯同学和半疯老师。"

千万别长大

"我来接我家宝贝。"听到这句话的时候，你不要以为那"宝贝"还在吃奶，他早已经行过"成人典礼"了。

一个女大学生，在众目睽睽之下拿出奶瓶喝水。我问她，用这玩意喝水有什么好处吗？她用典型的"小燕子眼神"看着我，奶声奶气地说，当然啦！首先有吮吸的快感，给人重回童年的美妙感受；其次呢——她撅起两片鲜润的唇——还能起到保护口红的作用嘛。

在我们周围，有太多"装嫩"的男人、女人。一次同学聚会，一个绰号为"绅士"的男生为我点了果茶，然后说，我知道你们女孩子喜欢喝这个。我冲他做了一个"暂停"的手势，正告他说，请你尊重我，不要将我侮辱为"女孩子"。

美国一个资深的教育家来中国访问，当她听到人们称我们的男女大学生为"男孩女孩"的时候，大为惊异。她说，在美国，孩子一读完小学就要称他们"先生、女士"，为的是唤起他们的"成人意识"，让他们感觉到自己对世界应负的责任。

在我们身边，有谁能够拒绝一个滑稽的称谓，自觉肩起一份沉甸甸的责任？

给孩子一个机会

学校组织高一年级学生和家长一起做“拓展训练”，其中一个项目叫“信任背摔”——由13个孩子分列为两排，搭成“人床”。其中第13个孩子站在队伍最顶端，负责保护背摔者的头部。13个孩子的妈妈要依次登上1.5米高的背摔台，背对着孩子们，平身摔到“人床”上。

搭“人床”的时候，资深培训师让妈妈们都过来参观。六组孩子面对面站立，总共要搭成三个防护层。最上一层是每组孩子紧密相连的肩与手，中间一层是他们各自弓起的右腿，最下面一层则是大家伸出的右脚。这也就意味着一旦妈妈摔下时砸开了肩手的防线，还有腿的防线；万一又砸开了腿的防线，还有脚的防线。培训师说：“成人搭‘人床’一般只需要五组，因为孩子力气小一些，我们多加出了一组。这个游戏我们经常做，安全绝对有保障，哪怕是体重100公斤的大胖子砸下来，一般都砸不坏第一道防线。我对妈妈们的要求很简单，你们一定得挺直着身子向后摔，挺得越直越好，因为那样的话，你的重量就平均分到了13个孩子身上。——听明白了吗？”妈妈们齐声回答说：“听明白啦！”培训师说：“好！每个妈妈在台上准备好后，就喊一声‘某某妈妈’，同学们就一起高喊‘加油’！——大家都听清楚了吧？”孩子、家长齐答：“听清楚啦！”

培训师将第一个妈妈的双手缚于胸前，引导她登上了背摔台。“人床”早已搭得十分牢固，孩子们一律瞪大了眼睛看着台上的妈妈。妈妈站在高高的背摔台上，背对着大家。培训师冲她喊：“后退！再后退！脚后跟要悬空！只用三分之二的脚掌踩着台面！”那个妈妈按要求做好，突然颤声喊道：“杨亮妈妈——”孩子们喊声震天：“加油！”但是，那个杨亮妈妈却没有摔，只回头疑惧地看着孩子们。杨亮急了：“妈妈，你快摔呀！”杨亮妈妈便重新调整自己，又颤声喊了一遍：“杨亮妈妈——”孩子们依然喊声震天：“加油！”喊完了，杨亮妈妈还是没有摔，非但没有摔，却居然在背摔台上蹲下，哭起来了。

培训师忙跑过去，问她道：“您身体不舒服吗？要不要换下一个人？”杨亮妈妈还没来得及回答，杨亮就带着哭腔叫了起来：“妈妈，我们不会让你摔坏的！你看，我们为了接住你，手臂都伸疼了呀！妈妈，你究竟怕什么？难道你连自己的儿子都不信任吗？妈妈，你总得给我们一个机会呀！我们早就准备好啦！妈妈，现在你可以摔啦！”

杨亮妈妈几乎是把身体缩成了一个团儿摔下来的。这个“团儿”只砸住了前面三组同学，即便如此，第一道防线也没有被砸破。

后面的妈妈们也差不多是杨亮妈妈的翻版……

培训师做这个训练项目的点评时说：“在这个游戏当中，毫无疑问，孩子们是赢家。他们表现得非常出色：认真负责，配合默契，情绪饱满，激励他人。应该说，他们真正‘把细沙变成了混凝土’。

妈妈们值得肯定的地方就是都没有当逃兵，都是从背摔台上摔下来的，而不是沿着台阶走下来的。但是，妈妈们存在很多问题：执行拖沓，环节重复，动作走样，怯懦流泪……最重要的是，不信任自己的'队友'——也就是孩子。这个游戏的名字叫'信任背摔'，我们故意没有安排让孩子摔、妈妈接，而是颠倒过来了。这一颠倒就暴露出了问题。妈妈这个一直被孩子依赖的角色，一旦转而依赖孩子，就变得疑虑起来、畏惧起来、悲伤起来。不是我们的孩子不值得信赖，而是妈妈们很难克服'我要给孩子当靠山'的心理定势。在我们的家庭中，妈妈们都过于能干啦！我听说现在美国高中流行一个词语，就叫'中国妈妈'——这可不是个褒义词啊！它的含义是过度爱护、过度操心、不肯放手、凡事包办……你们看，我们的家庭是多么迫切需要信任的重建啊！刚才，杨亮同学焦急地对他妈妈说：'妈妈，你总得给我们一个机会呀！'我拜托每一位母亲都记住这句话，记住在你们茫然无助的时候，身边有一个很好的分担者，不要粗暴地剥夺了他分担的权利，让他在分担中深刻，让他在分担中成熟吧……"

问候与回应

参加一个教育听证会。会场上，有一个老太太激动地站起来，不等麦克风传到她手中就大声对着台上说起来："我孙子特别乖，逢人就问好。上幼儿园的时候，没有一个阿姨不喜欢他。邻居的大爷、大妈，爷爷、奶奶都夸他懂事。上了小学，孩子赶着问老师好，可老师却假装没听见，看都不看我孙子一眼。——学生跟老师问好，老师不搭理学生，弄得孩子都不知道懂礼貌究竟是对还是错。这事儿，到底该谁管？”

台上的诸位官员开始心平气和地轮番作答。我周围的人却开起了小会。一个说：“我们家孩子的老师跟我告状说，你闺女不理人！我问我闺女为啥不理老师，我闺女回答说，一开始我理他来着，可他不理我！他总说让我们懂礼貌，可他配要那礼貌吗？”另一个说：“其实吧，也有的学校死逼着孩子跟老师问好，不问好就扣分。我觉得这样做也不好。有一回我去一个学校听课，课间的时候我上了一趟厕所，蹲着的工夫，就有十多个孩子向我大喊‘老师好’，弄得我特不自在，赶紧提上裤子，狼狈逃窜。”大家低声笑起来。又有一个说：“我看哪，也别光指责人家老师。你看看那些官员，做的又能强到哪里去呢？刚才进会场的时候，我跟台上的那个老家伙问好，人家也是爱答不理的，都不拿正眼瞟我一下，搞得我十分尴尬。当下我就骂自己，你咋就这么贱，理这个老棺材瓤子干什么吗！”大家开始向台上的“老棺材瓤子”投掷白眼，长一声短一声地叹着气，说着“我们周围非人性的东西怎么就那么多”之类的话。

我没有参加他们的讨论，我在愣神儿想着心事。

我想到我自己。我也是一名教师，当学生向我问好的时候，我一定让自己微笑着去回应他；有时，当我在校园里遇到低头行走的女孩，我就想到往昔的自己：老师迎面而来，很想问声“好”，但却脸热心跳，那个“好”挑在舌尖上，送不出，咽不下……想到此，我往往率先开口跟那个羞涩的女孩说话，看着她在那一声问候中受到轻微的美丽惊吓，然后忽闪着亮亮的眼睛低声说："老师好。"

应该说，我对自己热忱地问候他人与积极地回应他人的文明举止是满意的。追根溯源，我想我应该感谢一个人——我的外祖母。老人家在世的时候十分注重礼仪，每逢有人来串门，老人家总是远接近迎，唯恐慢待了别人。有一回，我在屋里看书，听到外祖母又在热情地迎接着什么人的来访，但寒暄声刚落，就听到外祖母说："那您慢走啊，常来玩儿啊！"我很纳闷，便隔了界墙问外祖母道："谁呀这是？刚进门就走了？"外祖母回答说："是你大栓舅家的狗哩。"我笑得抛掉书，流出了眼泪。

这个故事时常被我悄悄温习。当我的问候遭到冷眼的时候，我就安抚自己说：当年，姥姥问候大栓舅家的狗时，狗不也不懂得还礼吗？但这并不妨碍我亲爱的外祖母把它称做"您"，不妨碍她对这条狗亲热地迎送。那么，我又何必计较呢。

我们号称是"文明礼仪之邦"，可扪心自问，我们配得上这个称号吗？把问好当成负担，把回应看成掉价，内心枯涩却拒绝礼节的春光照耀。我认为我外祖母那样的人才是真正的知礼和幸福，她的礼仪不是做给人看的，而是一种日久成习惯挥之不去的美德。

我期盼着——问候他人与回应问候早日成为一种自我的内心需求。让问候的人以得体的问候证明自己拥有良好的教养，让回应的人以亲切的回应证明自己具有领受这份美意的资格。

我为什么不给你做“家教”

我刚一接这个年级的课,就有个学生找到我说:“老师,跟您商量个事——就是,您可不可以给我当家教?”我笑着告诉他说:“不可以——因为没有这个必要。”那个学生悻悻地去了。没过几天,他的母亲又来找我,说:“老师,我们知道您是全市‘十佳教师’,您开个价吧,多少钱我们都认!”我吓了一跳——天哪,这对母子居然以为我有意在耍花招抬身价!

我不做自己学生的家教,自然有我充分的理由,我自信已把全部的才智和学识,毫无保留地投入到了课堂教学中,每一个45分钟我都掏空了自己,我决不会“留一手”,决不会在关键时刻戛然而止,然后,面不改色心不跳地对眼巴巴望着我的学生们说:“欲知后事如何,咱们回家讲解。”我想:如果我没有能力在课堂上教会自己的学生,那是我的耻辱,我又有什么脸面拿自己的耻辱去换钱呢?站在讲台上,我常有一种“小材大用”的惶恐感,是这份神圣的职业使我卑微的生命变得无比高贵,我又怎敢懈怠、轻慢、敷衍、塞责呢?我不能不对每一个喊我老师的学生负责。如果我的学生告诉我说,我讲的东西他确实没有学会,我会利用早晚自习或课余时间给他“开小灶”,但我觉得自己没有任何理由朝他索要报酬——在我看来,这就如同一个母亲给自己没吃饱的孩子加些餐饭而免收小费一样自然。

我见过许多“课内损失课外补”的学生。他用家教费购得了上课不听讲的特权。他总以为自己错过了太阳还有太阳,错过了星星还有星星，所以，他便不肯拼全力地学习，渐渐地他变得慵懒起来，怠惰起来——“小灶”惯坏了他的胃口，“正餐”令他不屑一顾。常常，他会用炫耀的口吻跟自己的同学说：“昨天晚上，老师到我们家给我上了 90 块钱的课，我老爸还白给他抽了 4 根大中华呢！”——可怜的孩子，他竟以为知识有价；可怜的老师，他到哪里去买尊严？

说实话，我远没有超脱到厌弃金钱的程度，也曾在心里偷偷算过一笔账：一个晚上的家教费就可以买一支羽西唇膏呢！但我马上就反问自己：涂了这样的唇膏，我怎么可能美丽？

相信吧，相信有一种力量能比金钱更有力地支撑灵魂，相信每一个 45 分钟里都有捡拾不尽的黄金，相信有一种微笑能像阳光一样无私地照耀，相信不留退路的追索离成功最近。相信我，相信你，相信有一种风景是纯粹的美丽……

我不能悲伤地坐在花地

在淤塞了满心不快的日子里，被一群朋友喊着去了贡格尔草原。车窗外面，是直铺到天际的绿毯，车上有人懊悔“咋就没带个足球来呢”，有人央求司机，找块儿漂亮的花地，让我们下去拍拍照吧！

司机果真就把车子停在了一片开满了黄花的草地旁。

大家都下车了，我也跟着下了车。寻个缓坡，无声地坐下，看天的蓝、草的绿、花的黄。成群的美丽，如成群的牛羊，潮水般向我涌来，想要把我满心的不快虏了去；但是，我稍一凝神，悲伤立刻就主宰了我，叫我做不成快乐的自己。我眼睁睁看着天的蓝、草的绿、花的黄，苦笑一声，自怜又愧怍地在心里说，我“白瞎”了草原呈给我的美。

一个穿了蒙古族服装的汉子，赶着一群洁白的羊在我们的旁侧走过。拿照相机的人纷纷追着那汉子和那羊群拍照。我不动声色地观察，发现了一个有趣的现象——有的羊竟然很有“镜头感”，发现有人给自己拍照，会冲镜头摆个 pose 呢！邂逅了羊的人与邂逅了人的羊，就那样在蓝、绿、黄的柔美色彩间温和地对视着，看得人心里一漾一漾的，有了想流泪的感觉……羊，撇下人，朝着水草丰美的地方去了。远了，更远了。

突然，人们爆出了笑声！我赶忙看过去，见一个朋友的孩子正学了羊的样子，四脚着地，仰起头，让她的父亲给拍照；孩子的父亲匆匆按了几下快门，居然将相机一抛，撒着欢儿跑到女儿那里，与她并列站成了两只羊。所有的镜头都对准了他们，大家笑着，叫着，抱怨“笑得手颤，没法调焦距了”。见自己的创意出了彩，那对父女更“疯”了，居然头碰头假装“斗犄角”引人拍照。得到这对父女的启发，大家争先恐后地在草原上扮起了羊，有人甚至四脚着地在草原上悠闲漫步，偶尔还要低头叼起一茎草、一朵花，然后摇头摆尾，好不陶醉……

回到家，几乎每个人都把在草原上“扮羊”的照片设成了电脑桌面。“扮羊”的人对着那照片笑，也引得别人对着那照片笑。唯独我，缺少那样一张不该缺少的照片。

在快乐拥抱他们的时候，我正拥抱着悲伤。快乐来了，怅然地看一眼我那被悲伤捷足先登的怀抱，失望地走了开去。说真的，那悲伤的源头究竟是什么，我几乎全忘了，就记得自己被悲伤攫住时那挥之不去的悲伤。

记得第一次在电视里上听 S. H. E 唱《美丽新世界》，听到"应该学习婴儿，再宽容一点，哭过就忘了，别再记着昨天，还有什么悲伤……"，备极赏爱，赶忙打开电脑，下载并收藏了这首歌。我以为我能够听从女孩们这美好的劝导，学习婴儿，哭过就忘；但是，后来我才明白，我追求得越是狂热，实现得越是艰难……

我多么愿意引领着自己看清楚：躺在二十床垫子加二十床鸭绒被之上，还能被最下面的一粒豌豆硌疼的人，是可耻的；面对诗意草原，独自黯然坐在缓坡上，任由悲伤绑缚着的人，是可耻的。

每一天生活都呈给我们一片无形的花地。当我们幸运地被摆放在这片花地面前的时候，我们在跟自己说着怎样的心语？"初见"般的欣悦还属于我们吗？替一只羊感知幸福的情感还能不能温柔地俘获我们？那被悲伤奋力捣碎的东西我们有没有勇气与智慧将其复原？

我曾悲伤地坐在草原给我的花地，却不愿意再悲伤地坐在生活给我的花地。日子的红毯次第铺开，以怎样的心情走在上面，全靠自我选择。

因为你不是老师

那天回到家，抛给正玩电脑的儿子一个问题：假如你是个班主任老师，在上上午第三节课的时候——注意，我是说上午第三节课，也就是说不到11点钟——你“巡视”到自己的班级，发现数学老师正口干舌燥地讲函数，而坐在最后一排把门处的一个女生却意兴盎然地埋头吃盒饭。这时候，你该怎么办？

儿子头也不抬地说，随她去，想吃就吃呗！学生嘛都爱饿，时间又赶得紧，也许人家连早饭都还没顾上吃呢——要我是她的班主任呀，我就睁一只眼闭一只眼，假装没看见，过去就得了。

我听罢悲哀地叹了一口气。

儿子嘲弄我道，哟，张老师怎么叹气啦？别是今天跟一个吃盒饭的女生怄气了吧？犯得着吗？

是啊，犯得着吗？往上推几千个日子，也是在一所中学的课堂里，有个女生也坐在教室的最后一排。老师在前面讲课，她在下面偷偷吃桑葚。班主任老师在后门的瞭望孔中看到了这一切，怒气冲天地踢了一下门板制止她的行为，下课后又不依不饶地找她算账，对着她拍桌子，瞪眼睛。她又羞又恨，在心中对着多管闲事不招人待见的老师毒毒地“腹诽”。她当下就想，往后，要是我做了老师，学生在课堂上吃桑葚、吃苹果、吃馒头、吃炖肉，我绝对不管！

这个女生，就是我。

今天，我不幸撞上了二十多年前的自己。我又是怎么做的呢？

我知道自己可以面带微笑压低声音对那个吃盒饭的女生说：

多凉啊，应该热一下再吃！或者严肃地说一句：先收起来，下课再吃！

但我却没有这样做。

我劈手夺掉了女生手中的盒饭。

我看着那已经被扒掉一半的大米饭和菜花炒肉，怒不可遏。就像孔老夫子不能容忍他的学生“昼寝”一样，我不能容忍自己的学生把学习函数的最佳时光拿来往胃袋里塞东西。肚子饿，脑袋就不饿吗？我多么担心，担心自己的学生会成为一个被口腹之欲役使的庸人。知识之钻石就在眼前闪光，但黯淡的眼眸却不懂得去追寻，这该是一件多么令人痛心的事！想来，我的班主任当年定然也曾怀了如我今天一般的失望与愤怒，担心我会成为一个不懂得如何掂量轻重决定取舍的“蠢货”。他狠狠地踢门，是想惊醒愚钝的我，让我在打了一个激灵之后怀着一颗耻辱的心咬着牙去洗雪这耻辱。因为他太爱我，他才不愿眼睁睁地让我丧失掉接受知识的良机呀！

我想，大概是这样的吧——上帝爱人爱不过来，于是就有了母亲；母亲爱人爱得褊狭，于是就有了老师。老师是怎样一种角色呀？“捧着一颗心来，不带半根草去”，为世界与他人的明天熬心熬血，拼死拼活。他把对一个人的责任，对一个国家的责任，甚至是对全人类的责任都压在了自己的心头，“沉重”成了他的代名词。他怎能睁一只眼闭一只眼？怎能听任一粒不争气的种子在一个稚嫩的心灵落地生根、开花结果？

老师所给予人的，是一种至高的理性之爱，这种爱的光芒有时甚至要穿越几十年的光阴才能让你体察得到。

儿子，如果日后你当了老师，你还会用那样的口气讲那些话吗？

这个星球有你

彭先生打来电话,邀我去西部教师培训会上做讲座。我尽管与彭先生仅有一面之交,但还是愉快地应允了。

我撂了电话,翻一下工作安排,发现居然与一个会议撞车了。连忙打电话向操持会议的人请假。对方沉吟了片刻,半开玩笑地扔过来一句:"去走穴?"问得人火往头上拱,又不便发作,赔着笑说:"跟商业不沾边。组织者提供交通、食宿费用,不安排旅游。我的讲座是零报酬。"对方听了,用洞悉一切的口吻说:"哦,零报酬?那不是他们太不仗义就是你太仗义了吧?来这个会还是去那个会,你自己掂对吧。"

我好难"掂对"!

我跟自己说,何苦来?背着一口黑锅去搞什么鬼讲座!可是,答应了的事又怎好反悔?我需要寻觅一个推掉讲座的充分理由。

我上网搜索彭先生的背景材料。

彭先生本是名牌大学的高材生,毕业后到天津市某家知名软件公司做软件企划。朝阳的年纪,做着一份朝阳的工作,惹来许多人艳羡。但是,突然有一天,他毅然决然地辞去工作,做了一名自愿"流放"西部的 IT 人。

促使彭先生下决心去西部的,是一对苦难的母女。

冬季的傍晚，彭先生从公司下班回家，发现车胎没气了，便把车推到一个修车摊去修理。三九天气，刀子风刮得脸上生疼。为他补胎的是一个进城打工的女人。女人身边，是她五六岁的女儿。小女孩渴了，一直缠着妈妈要水喝。但妈妈忙着锉胎、涂胶，腾不出手来给女儿弄水。小女孩见妈妈实在顾不上自己，便趴在试漏的水盆前，小声地问妈妈："妈妈，这盆里的水能喝吗?"没等妈妈回答，渴极了的小女孩居然把头伸向了那飘着浮冰的脏水盆……这一切发生得那么突然，彭先生的心被揪疼了。他赶忙跑到最近的一家商店买了牛奶，以最快的速度跑回来交到小女孩手中……

第二天上班后，整个上午，彭先生全身都在发抖。他事后说："在离我们公司不到500米远的地方，竟有如此苦难的事情发生！而我却坐在有空调、有暖气的办公室里……这件事是一个导火索，它把我几年来想好的事情一下子提前了；或者说，好比是一个朋友打来电话，让我赶紧去做更应该做的事。我再不能等下去了！"

他于是去了甘肃省那个叫黄羊川的地方。义务支教，分文不取。

当他坐在一户王姓人家的炕头，吃着读到四年级就因贫困而辍学的女孩烤的土豆时，他哭了。

当他在另一户人家，听到一个做了母亲的人说因为没念完书而一直后悔着、怨恨着时，他哭了。

通过努力，他让黄羊川的中学生每周吃上了一次肉。

通过努力，他让黄羊川连上互联网并拥有了自己的网页。

因为看到了这样一个事实：越穷越不重视教育，越不重视教育越穷。他决心用教育拯救这片土地……

在他的影响下，他的一位在中央气象局工作的同学毅然辞职，来到黄羊川，做了一名长期固定教师。

…………

我原本寻觅疏离缘由的心，此刻却被亲近的热望塞得满满的。在这些故事面前，一口“黑锅”显得多么微不足道。被误解的痛，幻化成一条细到可以忽略不计的蛛丝，随手抹掉或者交付风儿，都可以微笑着接受。

孙红雷有个广告说：我们都是有故事的人。这句话多么适合彭先生！这年头，有故事的人很多，但彭先生的故事却堪称高品位。有故事的人没有四处张扬自己的故事，幸运地分享了这故事的人一直在心中说着那句古语：“虽不能至，然心向往之。”我不知道那些津津乐道于“血酬定律”的人，该如何从学术的角度解读彭先生的行为；我不知道哪个聪明人，能有本事为彭先生的发抖和流泪标价。《博弈圣经》上说：“生存的游戏就是利己主义和利他主义之间的博弈。”利己的人，喜欢用“本能”为自己开脱；利他的人，却不好意思用“本能”给自己贴金。“本能”，是生命所接受的教育总和在某个瞬间的大暴露。有的人，利己是本能；而有的人，利他是本能。这就可以解释为什么有人一听到“讲座”这个词，第一反应就是酬劳，而彭先生一看到别人受苦挣扎，拯救的欲望立刻就主宰他的生命了。

——我决意充当那个可有可无的会议的叛逃者。

——我决意把多年淘得的教育真金悉数献给西部。

——我决意将新出版的书赠予那些与我今生有约的西部同行。

我发给彭先生的短信是："这个星球有你，我多了一重微笑的理由。"

生命音响

作为他的同行，我十分纳罕他的选择。四年前，他响应省教育厅"教育扶贫"的号召，自愿报名到西北农村去教小学。出行时，他的行李很简单，却带了一套高档音响。送行的人逗他，都快成地道的农民了，还要让耳朵那么奢侈！他也笑，说，住在音乐里，省得想家。

他的"扶贫"时间是两年。刚到那个土岗子小村的时候，孩子们趴在他宿舍的窗台上看他。西风吹来，阳光中满是尘土的味道。他穿着发白的毛边牛仔裤，半仰着听音乐。陋室摇摇，乐曲飘飘。突然，他在一个旋律中激动起来，继而泪流满面。趴在窗台边的孩子看见他淌泪，轰地笑了。从此，他便赢得了一个外号——"哭鼻子老师"。

"哭鼻子老师"三十多岁，一米八还多的大个儿，带着一群雏鸡般的孩子在阳光与尘土交织的日子里读书、写字、算数、听音乐。他有一个志向，为那些播不进音乐的贫瘠的心"脱贫"！

他居然成功了！

陋室摇摇，乐曲飘飘。当那惹他抛洒热泪的旋律响起来的时候，他身边的孩子或坐或卧，晶莹的泪水从他们那纯净的眸子中汩汩流出。他贪婪地看着，痴痴地跟自己说，上帝！这些小小的人儿，他们竟然也随我住进音乐里来啦！

两年的时间迅跑而过。

他却决定留下来，永远地留下来。

天风浩浩，天籁悠悠。在低垂的天幕下面，他迷恋上这一群衣衫简朴心地单纯的孩子，更重要的是，他迷恋上了这些通过他而迷恋上音乐的孩子。他的那套高档音响，惯坏了那么多本不知音乐为何物的耳朵。他简直不能想象，如果他带着那套“价值连村”的音响离去，那些耳朵从此将会多么寂寞、多么凄凉！还有，他简直不敢想象，一旦没有了孩子们的“陪听”，他这套高档音响还有什么价值可言！

后面发生的事出人意料的美好——他小巧玲珑的妻子竟也毅然告别了霓虹闪烁的城市，欢跃地奔赴了他的邀召，奔赴了命运的邀召。她坐在他自行车的横梁上，哼着小曲，快乐得像个考了“双百”的小女孩。

他是富有的，我想。他有她，有他们，还有美妙的音乐。在四顾茫茫的土岗上，在四面透风的陋室里，他硬是建造了一座美轮美奂的精神天堂！

我相信，在他带着他的学生们倾心倾听音乐的时候，大西北也在倾心地倾听着他。他把生命锻造成了无比高贵的音响，乐声响起时，晶莹的泪水会从大西北那纯净的眸子中汩汩流出……

爱的盛宴

我的一个正在读大四的学生放寒假后到学校来看我。我问他："回到家感觉好不好?"他说："当然好,好极了!"我让他具体谈谈怎么个好法,他居然说："感受最深的一点就是,吃饭不用刷卡!"我哑然失笑。他却认真地说："真的,说起来有点俗,可我感受最深的确实是这一点。您知道吗,我毕业后打算到欧洲去读研,到那里想吃妈妈做的饭可就难了。不是跟您吹,我妈做的饭,称得上是世界一流!管够,还唯恐你吃不好!我妈劝起饭来没完没了,弄得我的减肥计划彻底泡汤,可我这心里头啊,却乐着呢!老师,我总记得您讲过的那个吃饺子的故事,一想起那个故事,我就把我妈妈做的饭品出了一种特别的滋味。"

我心头一热,说："难得你还记得它。"

我的确曾给这一届学生讲过一个发生在我朋友身上的真实故事——朋友在外地工作,常年不回家,母亲盼呀盼,终于得到了儿子要在除夕之夜要回家的喜讯。那天,在爆竹声中,母亲包好了三鲜馅儿饺子,专等着儿子回来后下锅。馅儿是精心调的,应该正对儿子的胃口;但是,母亲心里还是有一些忐忑,她想预先知道这饺子的咸淡,便煮了两个来品尝。一尝之下,母亲大惊失色——饺子馅儿里竟然忘了放盐!母亲看着两屉包好的饺子,绝望已极。她知道可以让儿子蘸着酱油吃,她也知道即便蘸着酱油吃儿子也会欢呼"好吃死了",可她不愿意让千里迢迢赶回家来的儿子吃到有缺陷的饺子，怎么办？这个聪慧的母亲，居然从邻居那里讨要来了一支注射针管，调好了盐水，开始逐个给饺子“打针”。儿子回到家时，饺子也被注射完毕。母亲煮好饺子，让儿子尝尝饺子的味道如何。儿子尝了，连声说“好吃”。这时候，母亲得意地举起那支针管给儿子看，向儿子夸耀说她可以将一个缺陷修复得让他察觉不出来。可是，儿子听着听着就哭了，他在想，这些年，他一个人在外面打拼，也曾吃过很多饺子，那些饺子，咸的咸，淡的淡，他都咽下去了，有谁能像母亲这样在意儿子的口味？为了让儿子吃到咸淡适宜的饺子，母亲竟想出了这样高妙的法子。吃着这样交织着母亲的爱与智的饺子，哪个孩子能不动容？

我多么欣慰，几年前，我将这样一个暖心的故事植入了孩子们的心田，我本不指望收获什么的，甚至以为那听故事的人很快就会将它淡忘。但是，这个同学居然能把它铭记这么久！我相信，铭记着它的人会珍惜母亲做的每一餐饭，会在寡淡的饭菜中品出一种难得的真味与厚味。母亲摆出一场爱的盛宴，只等着她心爱的小鸟来啄。幸福的小鸟啊，你无须刷卡，只管用欢畅的啄食来尽情享用这人间珍馐吧！

屋檐下的爱

那是一堂练笔课，我让同学们写一个发生在自家屋檐下爱的小故事。

作业交上来，我选出了以下三篇优秀短文——

“上高中之后，我成了一名住宿生。母亲总打来电话，问我食堂的饭菜可不可口？胃病犯没犯？我总是用愉快的调子告诉母亲，我在学校生活得好极了，根本不用她惦念。但是，在说这些话的时候，我的手往往正在揉着疼痛的胃。它是那么不尽职，学校食堂的米饭稍硬一点它就开始消极怠工。我跟自己说不要怀念母亲做的饭菜，可我的胃却偏要使劲儿怀念。随便它怎么折腾吧，我就是不把它的事告诉母亲，我不愿意让工作特别辛苦的母亲太为我操心。终于熬到了回家的日子，见到母亲，我十分开心。当然要极力摆出一副胃从来都没有疼过的轻松模样。母亲拉着我的手，心疼地说，孩子，你不说妈也知道你胃疼得不轻，疼起来的时候就知道咬着牙使劲儿揉——你看你的毛衣，都让你揉得起球了。”

“每天早晨，我都是和母亲一起离开家门，她去上班，我去上学。从家中出来，我要和母亲一道骑车走一小段路，然后，母亲向东，我向西。一天，和母亲分手之后，我发现自己是逆风而行，不由得心中一喜，我亲爱的妈妈可以骑顺风车！没想到晚上回到家，母亲见到我后第一句话就是，跟你分手后我发现刮的是西风，我就想，坏了，我的宝贝儿子要骑顶风车啦！”

“这是发生在暑假的事。假期作业多，我每天都要忙到很晚，很晚了也不愿意上床睡觉，又磨磨蹭蹭翻翻杂志听听 CD，一直到困得睁不开眼了才睡觉。因为睡得晚，早晨理所当然地就要赖床了。几乎每天都是如此，直到开学临近。那天，爸爸无意中对妈妈说，这下好了，孩子开学后我又可以按正常的时间上班了，不用每天早走半个钟头了。我没听懂爸爸的话，便问他，你上班早晚跟我开不开学有什么关系呀？爸爸说，你还不知道呢，自从你放假之后，你妈看你每天写作业写到那么晚，想让你早晨多睡会儿。本来，我比你妈的上班时间要晚半个钟头，可是，为了让咱家的门少响一下，你妈让我每天提前半个钟头走，这不就把两声门响压缩成一声门响了吗？”

屋檐下的爱温柔细腻，真挚感人。但是，有太多粗疏笨拙的笔却无力拾起这份爱。心的漏斗，漏掉了那么多本该恒久铭记的爱的故事。因每日都可以坐享，便不再把珍奇视为珍奇。作为一个女儿、一个母亲、一个教师，我深深地为那些写不好屋檐下爱的故事的笔而遗憾，当然，我也深深地为成功描摹出屋檐下爱的风光的这三支笔而感到由衷的快慰和自豪。

“夸”你成才

那天听亲子教育专家董教授的讲座。他向大家讲述了自己的成长历程——

我出生在内蒙古草原，父母都大字不识几个。我的父亲是一个拖拉机手，他最大的嗜好就是喝酒。人们喝醉了酒有种种不同的宣泄方式，有的哭，有的闹，有的睡大觉。我父亲喝醉后的表现跟别人可大不一样，他一喝多了就夸孩子，确切地说，是夸我这个长子。他说："小子，过来！小子，我怎么看你怎么是个念书的料！你咋就那么像个书生呢！你看你长的这样，注定会有大出息！不信咱就走着瞧吧！小子，你可不能让你爸我失望啊！你可得好好活出个人样来啊！"

虽说我知道这不过是父亲"酒话"，我却偏偏就在这"酒话"里汲取了无穷的力量。我跟自己说："加油啊！努力啊！老爸说你行，你可不能不行啊！"我便拼命地学啊学，一点都不敢懈怠。过了一段时间，我的劲头慢慢变小了，想偷懒了，这时候我父亲恰好又喝多了。他把我叫到跟前，好一通猛夸，夸得我晕晕乎乎的，浑身又有了无穷的力量。

我在父亲的夸赞声中读完了小学、中学、大学，又拿到了硕士学位、博士学位。

我不断审视自己走过的这条道路。我觉得我有太多太多的理由不能成为现在的自己，但是，我偏偏就成为现在的自己！我知道我要感谢一个人，那就是我的父亲。那股来自他的神奇的推动力不停地将我往前推啊推，我想停都停不下来。后来我明白这是一种"持续情感激励"的力量，它可以有效挖掘人的"非智力因素"，我便有意识地在我的弟弟、妹妹身上应用它，效验它。结果，我这个被父亲"夸"成才的长子又学着父亲的样子去得法地"夸"自己的弟弟、妹妹，促使他们成才。现在，我们家兄弟姐妹六人，有三个博士生、三个大学生。

2003年，我发明的"亲子关系模型"获得了国家专利。在这个模型当中，我为家长设计了七种工具，即"无条件的爱、鼓励、表扬、确认、理解、陪伴、批评"，这些工具都曾被我的父母有效使用，也曾被我有效使用，我愿意让更多的家庭在这个模型中受益。在我看来，人的潜能是无限的，人与人的智力差异是微乎其微的。那些自认为愚蠢的人，大多是将自我观念的阀门关死了，在人生发展的道路上，他没有受到“智能”的局限，却受到了“自我观念”的局限，结局还远远没有到来，他就急着给自己判了死刑。所以，我愿意尽我之所能，将发生在我身上的真实故事讲给更多的人听，从而让人们明白：我们以及我们的孩子都是聪明伶俐的，但是，这聪明伶俐或许埋得很深，需要有人不停歇地挖掘，需要有人不吝啬地激赏。这样，“成功”就可以被更多的人拥有……

心理学认为，人心总是自觉不自觉地向着被肯定的方向发展的。当一个显性或隐性的优点被人忽略，它很可能会黯然地永远迷失了自我；而当它被赏爱的手珍贵地捧起，它就可能千百倍地扩大自己，用一种令人难以置信的高度去回报那手的温度。

高山上的母亲怆然涕下

我再次读到那首小诗的时候，心，很久地被留在纸页上，苍凉的泪流了一脸。

那是雷平阳的《背着母亲上高山》，写将母亲背到高高的山顶上，引她俯瞰“她困顿了一生的地盘”，“河是小河，路是小路，屋是小屋，命是小命”，“顺着天空往下看，母亲没有找到她刚栽下的那些青菜”……

诗行下的红线牵引着我。第一次读这首诗时的心情从上千个日子之外赶来，轻易挟制住了此刻的我。那时，我也生出过背着母亲上高山的冲动，想引她跳出那些死死攫住她的恩恩怨怨，引她摆脱那些尘屑般的忧愁烦恼，引她去找寻一下那些根本找寻不到的她刚栽下的“青菜”以及她“轰然滴在青菜畦里的晶莹汗滴”……真的想让早已习惯了仰视的母亲获得一个俯视的机缘，让母亲用跳出自己的方式去发现自己。家是一个宇宙，那么多的琐事缠绕了母亲。在她眼里，河不仅仅是河，路不仅仅是路，屋不仅仅是屋，命不仅仅是命。她卑微的心诚惶诚恐地放大了太多的事物，她不知道在某个高度上这些事物原是可以缩小到令人伤怀的程度。

大概就是这些了吧？对被生活困顿着的母亲的巨大怜惜，使我多么鄙薄厌恨那些操纵着她生命喜忧的“青菜”啊！

那时，我还没有想到，有朝一日我也会由自己的儿子背着自己上“高山”。

那天，即将远赴欧洲求学的儿子装了一个 Google Earth 软件，他说：“妈妈，你过来，看看我要去的 Bristol。”我在那个实景地图前惊讶得张大了嘴巴。

“那，我能看到伦敦吗？”心跳着问儿子。

“当然！给你看伦敦——”

我们又看了巴黎、慕尼黑、纽约、东京……惊悚着，惶惑着，世界在眼前刷刷地翻页，“我”在哪里呢？

“看看你们单位吧。”儿子说着，搜出了我的单位，“这是你们的教学楼，这是办公楼，这个呢？好像是学生食堂吧。”

“你放大些，再放大些，再放大些。”

“喂，老妈！你不会是想要在这上面寻找你老人家的光辉形象吧？人太渺小，一律忽略不计。”

好几天，我都走不出那个可怕的Google Earth。是谁把我带到一个令人心惊肉跳的高度，让我俯瞰了这个小小的寰球？让我在心灵的幽州台上，独怆然而涕下。

是啊，我找寻不到我自己，找寻不到我千辛万苦栽下的“青菜”，更找寻不到我“轰然滴落在青菜畦中的晶莹汗滴”。

我多么不情愿承认，我在重演着自己的母亲。琐事堆叠起的人生，经不起逼视。“忽略不计”这个残酷的词语把人骄傲的外衣剥了个精光。这是个让人无限悲凉的高度，但我却愿意在这样一个高度上让自己的思想吹吹风，殷殷地告诉自己，真的别太把一己的悲欣宠辱当回事，别总傻傻地拿着放大镜去审视心空的一粒尘埃。光阴不会垂怜花朵，乱红依旧飞过秋千，就让那些恼人的心灵尘屑随风飘散吧。

多少年以后，我们儿女的儿女，也会背着自己的长辈上“高山”的吧？不管山下不起眼的“青菜”会遭到怎样的蔑视与鄙薄，总不能叫土地荒芜吧？尽管不可一世的Google Earth笑言它从不把“人”放在眼里，但不恰恰是人才使巴黎成为巴黎、纽约成为纽约的吗？

——让我在自己的菜畦里充实地躬耕。

——让我有机会登上高山俯瞰那个空虚的自己。

儿子的花哪里去了

阳台上的双色杜鹃开花了。终日里，妖娆的红色与雅洁的白色争艳，静静的阳台显得喧嚷起来。

妈妈提来喷壶，哼着歌子给花浇水。她在看花的时候，眼里漾着笑，她相信花能读懂她这份好感，她还相信花会在她的笑影里开得更欢——她用清水、微笑和歌声来浇花。

儿子也学了妈妈的样子，拎了喷壶来给花浇水——呵呵，小小一个男孩子，竟也如此懂得怜香。

一天，妈妈仔细端详她的花，发现植株的旁侧生着几株茁壮的杂草。她笑了，在心里对那杂草说：几天没搭理你们，偷偷长这么高了？想跟我的杜鹃抢春光，你们的资质差了点！这样想着，俯下身子，拔除了那杂草。

儿子回到家来，兴冲冲地拎了喷壶，又要给花浇水。但当他跑到阳台上，他却忍不住哭叫起来："妈妈，我的花哪儿去了？"

听到哭闹，妈妈一愣，心说莫非杜鹃插翅飞走了？待她跑过来，却发现杜鹃露出了笑脸，开得好好的。妈妈于是说："这花这不在这儿吗？"

儿子哭得更厉害了："呜呜……那是你的花！我的花没有了！"

妈妈见儿子绝望地指着原先长草的地方，顿时就明白了，说："那哪儿是花呀？那是草，是妨碍花生长的杂草！妈妈把它拔掉了。"

不想儿子却说："我天天浇我的花，它都开了两朵啦！呜呜……"

妈妈疑惑地把那几株杂草从垃圾桶里翻拣出来，发现那蔫蔫的叫不上名的植物上确实开着两朵比叶片颜色稍浅的绿色小花。妈妈想说"这也配叫花，你看它们多丑哇"，不知为什么，妈妈却没有说，她的心温柔地动了一下，俯下身抱起了孩子。

"对不起，妈妈不该拔掉你的花。宝贝，你真可爱！妈妈要替这两朵小小的花好好谢谢你，谢谢你眼里有它们，谢谢你一直为它们浇水；妈妈还要替妈妈的花谢谢你，因为在你为你的小花浇水的时候，妈妈的花也沾了光！"

后来，妈妈惊讶地发现，这个世界上原先被她忽略的花可真叫多。柳树把自己的花编成一个个结实的绿色小穗，杨树用褐色的花模拟虫子逗人，狗尾草的花就是毛茸茸的一条"狗尾"，连蒺藜都顶着柔软精致的小花与春风逗弄……上帝爱他的花园，他大概也会用清水、微笑和歌声来浇花吧？并且，他会和孩子一样，不会忽略掉哪怕是最不起眼的一株植物的一抹浅笑……

花被

这是一个关于四位母亲的真实故事。

有这么两位母亲，都是养母，都遭遇到了不幸——第一位母亲，丈夫出车祸身亡，自己也得了尿毒症，在被告知生命大限将至之后，她没有为自己流泪，却为宝贝女儿将被孤苦无依地剩在这世上而泪流不止，她决定对抚养了十七载的女儿说出实情，并决定为女儿寻找亲生父母，还她一个温暖的家。第二位母亲，也有一个可爱的18岁的女儿，女儿不幸患上了白血病，需要做骨髓移植手术。母亲纵有将全部生命都给宝贝女儿的心，也救不了女儿的命，万般无奈之下，这位母亲决定对女儿说出实情，并决定为女儿寻找亲生父母，挽救女儿的生命。

这两位走投无路的母亲先后找到了同一家媒体，媒体都答应了她们的请求。

面对记者，这两位母亲亮出的居然都是当初抱养孩子时裹在孩子身上的小花被。她们的话语也惊人的相似——这个小花被一直藏在女儿看不到的地方，我留着它，却从来没想过让它见天日，我愿意它永远被藏在一个角落里，慢慢被人遗忘；今天，为了女儿，我不得不拿出它，希望孩子的亲生母亲能够认出它，看在亲生骨肉的份儿上，帮帮孩子吧！

记者接听了无数热线电话，也跑了许多的冤枉路。终于，那两个亲生母亲都被找到了。她们身处不同的地区，过着不同的生活，操着不同的方言，但当她们从记者手里接过那小花被时，却做出了同一个反应——猛地将它搂到胸前，继而泪如泉涌。两个小花被，都是那种很土气的花色，并因为年深月久，那花色都被光阴揉得暗淡陈旧了。但是，那曾用它包裹了至亲骨肉的母亲，还是一眼就认出了它。

四个母亲，曾在两床小花被上倾情——

那丢了花被的，在十几年间一直在重温着那花被的颜色——那花被里裹着的宝贝，遇到了怎样一户人家？那抻拉被角的手，是否被爱与柔情注释过？

那拣了花被的，在十几年间一直试图切断有关花被的一切记忆——冥冥中，是否还有一双眼在偷窥着这个花被？是否还有一颗心附着在花被上，抖也抖不掉，赶也赶不跑？

女人注定会有“两次诞生”的神奇经历：一次，是母亲将自己诞生到这个世界上；一次，是自己将孩子诞生到这个世界上。而因这样或那样的原因不能够拥有“第二次诞生”的女人，也会将一个孩子的偶然降临看成自己的另一个生日。那隐秘的、不能告人的爱与痛让这个幸运地获得了“母亲”身份的女人有些不知所措，她想连上帝都瞒过了，她想将所有知情人的记忆统统“归零”，她会忍不住地想，就让一切的一切，都从她拥有孩子的那天重新开始吧！从这个意义上说，她可以毁掉那床小花被一万次，但是，有一个理由，一个连她自己都说不清的理由竟让她留下了那床小花被。纵然她是一个想象力特别丰富的人，她也未必能想到十多年后这床小花被将派上怎样的用场，爱的本能，居然让她和泪将一床小花被收藏了数千个日子，并终于以它为线索，为亲爱的宝贝寻到了亲生的父母……

世上最贫穷的母亲

我是在电视上认识那个叫李二荣的女人的。她蓬头垢面，贫苦狼狈。一年半前，她四岁的儿子楠楠被决意抛弃她的丈夫偷偷卖掉。她疯狂地寻，但孩子却杳无音讯。她报了案，在警方的协助下，终于在汕头的一户人家见到了楠楠。

楠楠的养父、养母家境很好，他们当初是花了一万八千多元买下楠楠的，他们看到楠楠的生母找上门来十分惊骇。楠楠紧紧地趴在养父身上，用带有敌意的眼光看着他已不认识的李二荣。李二荣试图将儿子夺过来，但楠楠又气又恨地拨开了她的手。李二荣呆呆地站在那里，像个恶意拆散别人美好家庭的歹人。孩子的养父无比心疼地说："不要吓着了孩子！不要吓着了孩子！"面对此景，李二荣欲哭无泪。楠楠的养父、养母看到李二荣十足的寒酸相，便知道她定然生活在社会的最底层，便建议将孩子留在汕头，让他接受良好的教育，同时答应李二荣可以随时来探望孩子，但李二荣坚决不同意。她声泪俱下地向记者讲述了自己生楠楠时难产的情形，说："我是孩子的亲生母亲，我知道我所能给他的爱最多，这一点世上无人能比。"就这样，李二荣将哭死哭活的孩子带回到自己破败的家中。

孩子的生父被逮捕，这意味着他将不再享有一直享有着的父爱。孩子听不懂母亲的湖南话，而母亲也听不懂孩子的潮汕话，他们之间顺畅的沟通一时还难以实现；孩子不能去熟悉的幼儿园跟熟悉的小朋友们玩耍，他的心里必然充满了难言的孤苦……可怜的孩子一直在哭。

怎么跟孩子解释呢？对他说"你其实是从一个虚假的天堂回归了一个真正的天堂"？

天底下的母亲，无一不认为自己身怀爱的绝技。如果她能冷静地权衡利弊，分析出孩子留在别人的怀里将有利于孩子今天的成长、明天的发展，那她就不再是母亲了。当那个小生命从她的腹中游离，她的一颗心就被剖成了两半，一半留在自己的胸腔，一半附在孩子的身上。丢了孩子的母亲，是这个世界上最贫穷的母亲。每当媒体上发布有关寻觅“迷失的花朵”的信息，我这个做母亲的人都会认真地去听、去看、去记。我巴望着自己能幸运地在大街上偶遇一朵迷失的花，然后，亲手将他送还母亲的怀抱。我愿意看到一个母亲从一无所有，顷刻间变得富可敌国。

我相信李二荣所说的话，母亲所能给予孩子的爱最多，这一点世上无人能比。不谙世事的孩子，也许会留恋他人一个温热的怀抱，但当他长大后，他一定会深深感恩当年那些将他的母亲从赤贫中救起的人。他也终会明白，自己当初又气又恨地拨开的那双悲伤贫苦的手，一旦拥他入怀，就永久地被欢乐和富贵注了册……

母亲曾为我填过一口井

因为工作的关系，我结识了一位姓杜的先生。在和杜先生相处的过程中，我发现他身上有许多值得尊崇的东西。我惊奇地发现，他有着近乎圣人的情怀，近乎哲人的睿智，近乎诗人的灵性和近乎孩童的率真。我曾很认真地对他说，每次和你接触，我都忍不住为一个人感到骄傲，那就是你的母亲——你一定有一位非凡的母亲。

杜先生笑起来。他说你真不愧是资深教育工作者，眼光就是不一般——我确实有一个非同寻常的母亲。她所给予我的资财，我一生都享用不尽。我出生在冀中一个穷穷的小山村。我是家里的独生子，在我读小学三年级的时候，我的父亲就去世了。母亲苦巴巴地拉扯着我熬日子。冬天，我家的被子又破又薄，挡不了风寒，我母亲就在炕头筛了一堆沙子，烧热了，让我钻进去取暖。当时村里的人教训闹吃闹穿的孩子的时候，总爱说这样一句话：瞅瞅人家杜家的孩子，你还闹个啥呀！但是，在这样艰难困苦的日子里，我母亲坚持不让我辍学。没有钱买纸笔，我母亲就弄来一块平板玻璃，用沙子把玻璃面磨涩，让我用石笔在上面写字算数。就这样，我以优秀的成绩读完了小学和初中。我的高中是在大山外的镇里读的。我们那所镇中，自打恢复高考以来就从没有出过大学生。母亲对我说，孩子，你可要争气，要考上大学呀。

高二那年放寒假，我回到家，万分惊讶地发现我家院子里的那口井被填平了！要知道，那可是我父亲在世时耗费极大的人力物力打出的一眼井呀。我问正吃力地从外面挑水回家的母亲，为什么要填平了这眼井？是水枯了吗？母亲摇摇头，欲言又止。后来，我从一个本家的婶娘那里得知，我母亲听一个算命先生说，如果填平了我家院里的那眼井，我就可以顺利地考上大学。她居然信以为真，就不顾别人的劝阻，开始一筐筐地背土背石填那口井！我听后又恼又气，回到家大声指责母亲太愚昧、太无知。我母亲哭了，哭得很伤心。她说：妈其实并不迷信，妈知道填不填井跟你能不能考上大学没有什么关系。可妈是这么想的，填了井，妈天天都要到外面去挑水，你又是个孝子，一定心疼妈妈的辛劳；咱村离镇子这么远，妈不可能天天跑过去盯着你学习，妈就是想让你在学校一喝水就想起妈曾为你填过一眼井，要是你松劲了、偷懒了，你就对不住妈妈的苦心和劳累……我再也听不下去了，扑进母亲怀里放声大哭起来。我的母亲，本来就命似黄连，但为了能让儿子有出息，她硬是要自己每日再尝着苦胆过日子呀！

高考分数下来了，我达到重点大学的录取分数段。填报志愿的时候，母亲鼓励我报“本硕连读”。我十分犹豫，因为我明白，我早一天赚钱，母亲就早一天解脱。但我实在拗不过老人家，便只好依了她。我在攻读本科和研究生学业期间，粗活细活一律来者不拒——我到小饭馆去洗碗，到工地去搬砖扛沙子，给报刊投稿，翻译进口设备说明书，为中小学生做家教……我每月给母亲寄去足以让她在小山村称为“首富”的钱，我要用这种方式向为我填井的母亲证明她的儿子一直都没敢松劲，没敢偷懒。

在我拿到硕士学位不久，我的母亲，含笑离开了人间。

现在，我已经拿到博士学位，成了享受“国务院特殊津贴”的学者。工作之余，我热衷公益事业，兼职做着一个贫困县的副县长，我无偿地到各大学去做励志演讲，还是几家报刊的特约撰稿人。我要让自己的生命飞扬起来，我不忍愧对滋养着我的每一杯饮用水。每当我想到我非凡的母亲曾为我填过一眼井，我就不敢怠惰，不敢消沉。太阳转辛苦了我也不能喊苦，季节风失信了我也不能失信。我捧着母亲诞生给这世界的一颗美好的心，勤勉、真诚地在人间行走。因为铭记着“沙炕”的冷暖，我心疼每一个苦命的人；因为拥有着玻璃写字板的记忆，我真心祝愿每一个学子成功；更因为母亲曾不惜用生命为我熬油点灯照亮儿，我要高扬着自己的灵魂，无畏地前行……

让树根朝着水的方向奔跑

读林清玄的《桃花心木》，十分欣赏里面那个种树人。他将小树苗栽进土里之后，就开始模拟老天下雨的样子浇水，有时隔三天浇一回，有时隔五天浇一回。他不想让桃花心木摸到规律，生怕它因此生出“依赖的心”。有时，他甚至不惜让树苗干渴，“狠心”地辜负着它的期待。他的用心十分清楚，那就是让桃花心木的根学着自己去寻找水源，因为只有这样，它的根才可以扎得深、扎得远，才不致被狂风、干旱掠走青绿，才可能长成供人仰视的参天巨木。

如果我们把种树人唤做“狠心人”的话，那么，在他的反面则站着一个“好心人”。这个“好心人”的心是棉花糖做的。当他看到一只蝴蝶拼死破茧，他不忍了。他想，那么柔弱的一个小生命，怎能扛得住从蛹的小孔中挣扎而出的痛苦，不如帮帮它吧。于是他找来剪刀，好心地帮助蝴蝶将孔洞剪大。蝴蝶得到外力相助，很顺畅地就通过了那个“鬼门关”。但是，由于翅膀不曾通过用力挤压而充血，被救助的那个蝴蝶却彻底丧失了飞翔能力。

第一个人因深谙植物向水性的特点而智慧地“虐树”，第二个人因深怜蝴蝶的死命挣扎而聪明地“剪蛹”。在太多的人心目中，智慧即等于聪明，其实智慧与聪明之间，是永远不可能画等号的。

我不知道天下父母是否从这两则故事中读出了自己。你是（或接近)他们中的哪一个呢?

在大连海边,我看到了这样一座雕像——孩子初见大海,脸上写满惊异;孩子的母亲则背向大海蹲下,为孩子系着松开的鞋带。应该说,这是一座构思巧妙的雕像,它运用了“婉曲”的手法,描摹出了孩子眼中大海的壮阔奇绝。但是,我却在这个场景中温习了太多的母亲“爱的习惯动作”。我有个朋友,在任何地方都可以坦然蹲下来为儿子系鞋带。我问她:“你为什么不让他自己学着系呢?”她说:“他笨手笨脚的,系一个鞋带需要老半天;我给他系,三秒钟搞定!”我说:“你要为他系一辈子鞋带吗?孩子系一个鞋带需要老半天,那是因为你残忍地剥夺了他自己系鞋带的权利。如果你给他机会,他系好鞋带的时间一定会越来越短,甚至打破你三秒的记录也不是没有可能的。但是,每一次你都贪图方便,强行为孩子代劳——他的笨手笨脚,是你一手打造的呀!”

据说一个化学教授挑选研究生时,一定要亲眼看他点燃、熄灭一次酒精灯,而许多人恰恰就是在这一关上被斩掉的。我想,一个长到十来岁了还“幸福”地被妈妈抢着系鞋带的孩子,他的手比脚灵活不到哪儿去。让他点酒精灯,不引起火灾就得念阿弥陀佛了。

我发现身边热衷“剪蛹”的人可真多啊,他们离那个智慧的种树人实在太远了。“凭什么要我‘虐树’啊?与其‘虐树’,不如自虐!”他们会这样叫嚣。有个老人,带着他从美国归来的外孙乘地铁。一上车老人就身手不凡地抢了个座位,外孙刚要指责他“没教养”,不想老人居然把抢来的座位让给外孙坐——为晚辈效忠效力,恰是许多老年人引以为豪的嗜好。

有个母亲也曾是个资深“剪蛹”人,退休后才醒悟自己全心全意为家庭和社会培养了一个极端自私自利又无德无能的渣滓。面对乞求她拿出“鲜嫩的骨头”供自己啃噬的逆子，她哀嚎：“孩子，你搬出去吧！”我把这个母亲的泣血哭诉打印了好几份，分送给我的同事。我说：“吃点‘抗慈丸’，别得‘爱之病’！”

让树根朝着水的方向奔跑，是我们对树的大爱，也是我们对树的尊重，更是我们对世界的明天做出的贡献。因为我们不能陪孩子一辈子，所以我们不能立志为孩子系一辈子鞋带、抢一辈子座位。在这个星球上，没有哪棵参天大树是凭靠人力浇灌才长到梦的高度的。模拟着老天的样子让桃花心木三旱两涝，这不叫缺乏爱，这叫善于爱。不要被“畸爱”驱使着去充当那个愚昧的剪蛹人，不要让丧失了飞翔能力的蝴蝶痛苦地把我们称做“凶手”。相信吧，那能够按照正确顺序利落地点燃、熄灭酒精灯的人，一定是那个瞬间就能将鞋带系好的人。

给他一个拥抱

在网上看到这样一则消息：英国一个名叫埃塞克斯的设计师设计了一款神奇的抗拒孤独的背心。这款名叫 Squease 的背心乍看上去跟普通的背心没什么两样，但它却附带着一个手压泵，穿着者按手压泵，就能为背心充气；背心充气后，穿着者就获得了“被拥抱”般的感觉，从而使孤独感得到一定程度的缓解。

看着设计者演示这款背心，使自闭症患者心情得以平复的视频，我突然想到了一个孩子。我问自己，那个孩子，是否需要一件 Squease 背心呢？

那孩子名叫正男，是日本影片《菊次郎的夏天》中的主角。九岁的正男，父亲亡故，母亲远走，他与年迈的奶奶相依为命。正男几乎不会笑，是个异常“阴沉”的孩子。暑假来了，正男的同学们都去各地度假，正男没有了玩伴，独自一人沮丧地带着足球去了足球场。大大的足球场，小小的正男。一个人，怎能玩得起来？他把足球放在脚下，欲要踢时，却悲伤地直挺挺躺在了足球旁边……正男被菊次郎带着去寻母亲，不想母亲已成为另一个温馨小家的女主人了。接下来，菊次郎导演了一系列试图逗这个孩子欢笑的滑稽剧，但是，正男心中巨大的孤独是任何人都驱逐不散的。

我清楚地记得，一个女友当年看完了影片后曾跟我说：“我做梦都想着抱一抱那个可怜的孩子。”说实话，我不能接受北野武把影片的后半段拍得那么无厘头；但是，那个令全世界的女人都生出了“抱一抱”之心的正男，让我欣然原谅了北野武的离谱。我想，正男大概称得上是“孤独”这个词的不二代言人吧？在需要爱护的年龄，却被忽略、被遗忘。在整个片子中，正男笑得都很薄，仿佛一层敷衍的糖衣，裹着经年散不尽的苦味。

“正男式”孤独不仅仅属于正男，它几乎成为一种普世性的负面心绪。诗人有诗道：“每个人都是一座孤岛。”今天再没有人会说“通川湓水断相闻”，也再没有人会说“无情对面是山河”，然而真正的阻隔却搭乘着高铁、驾驭着电讯、骑坐着网络，呼啸而至。

有个心理辅导师曾教我做过一套名曰“蝴蝶拍”的放松操，大致就是模拟蝴蝶扇动翅膀或母亲拍打婴孩的样子，给予自我一种爱抚，借以消除内心的孤独与焦虑。我不知别人在做“蝴蝶拍”时心情如何，反正我每次做，都会被引逗出更繁盛的孤独与焦虑。

特蕾莎修女把一件珍贵的礼物送给了很多的穷人，那礼物的名字就叫“拥抱”——她真情拥抱流浪者、贫苦者、溃烂者、濒死者。她用实际行动消灭着人间的“正男式”孤独。

正男，如果让你选择，你是想要一件价值245英镑的Squease背心呢，还是想要一个带着体温的、不必付费的拥抱？

别让孩子哭泣着弹奏《欢乐颂》

早晨上班，我老远就看见办公室门边倚了个女人，蓬头垢面，满脸晦气。见我掏钥匙，她冲我艰涩一笑，却比哭还难看。进了办公室，她说她是我的一个读者，遇到了难处，便跑来朝我讨主意。我有些慌神儿——我哪能拿出什么救世的主意呀？但却也似乎只有听她倾诉的份儿。她说她儿子去年考上了一所二批本科大学，全家人乐疯了。可大一还没有念完，孩子就被勒令退学，原因是他拒不参加考试。我惊问原委，那女人眼泪就下来了：“他天天逃课，上网玩游戏，去考试也只能交白卷啊！”半天，我俩垂着头，一递一声地叹气，谁也不说话。末了我说：“要不，复读吧。”那女人说：“他不乐意，觉得特丢脸。他回来俩月了，天天在家里猫着。有回邻居瞄见了他的影子，问我，你儿子咋回来了？臊得我呀，上吊的心思都有啦！"

我辜负了那可怜的女人，我没能给她拿出任何有价值的"主意"，但我的分担使她感动，她拉着我的手说："谢谢你！跟你念叨念叨，我心里轻快多啦。"

傍晚时分，表妹打来电话，激动得声音有些发颤："姐，向你报喜——我儿子在全幼儿园中班智力竞赛中拿了个特等奖耶！刚才，我被邀请参加颁奖仪式，电视台的记者都去了！还采访了我们娘儿俩呢！今天晚上的新闻就播，姐你可要准时收看呀！"

我颓坐在椅子上，沮丧地跟自己说，唉，又一个不幸的消息……

作为一名教育工作者，我深知，刚才得到的消息与早晨得到的消息其实是互为因果的。在孩子最适合玩的时候，我们却填鸭般地为他填知识，他因而丢掉了不应该丢掉的宝贵一课，怎么办？那也好办，他会在长大之后报复般"恶补"上这一课的——该玩的时候学，该学的时候当然就得玩了。

我无数次地把一个发人深省的故事讲给周围的人听——

1968年，美国内华达州的一位妈妈给三岁的女儿买回生日蛋糕。妈妈取下蛋糕上的一粒樱桃后，松软的蛋糕上留下了一个明显的凹痕。这时候，只见女儿指着那处凹痕，不断喊出英文字母O。这若是换成一位中国妈妈，一定会喜出望外的，或许还会打电话给自己的表姐，炫耀女儿天资聪颖。然而，你知道那个美国妈妈当时是怎样的心情吗？那个美国妈妈十分愤怒，毅然把女儿所在的幼儿园告上了法庭。理由是上幼儿园的女儿，如果不学习26个字母，类似的O形她能说出苹果、太阳、足球、鸟蛋等，但现在她却失去了这个能力。这位愤怒的母亲要求幼儿园赔偿孩子的“精神损失”。这若是换成一位中国法官,或许会认为这个妈妈是在无理取闹吧?幼儿园把你家孩子的智力那么早就开发出来,没让你家孩子“输在起跑线上”,你还不赶快感恩!然而,你知道美国的法院是怎样做的吗?法院很快开庭审理该案,结果是幼儿园败诉!就连内华达州也因此而郑重地修改了《公民教育保护法》。现在美国的《公民权利法》明确规定,幼儿在幼儿园拥有两项权利:“玩的权利”和“问为什么的权利”。

纪伯伦说,孩子的心,住在“明日之屋”。蛋糕上的樱桃被取走后,留下的是一处天使的吻痕,只有孩子才有能耐在那处吻痕中发现奇迹。

我认识一位母亲,太希望别人夸她女儿“早慧”啦!她拽着那个两岁多一点的孩子在人前背诵李白的《将进酒》。那孩子举着一颗棒棒糖,贪馋地吮,妈妈哄着拿开她的手,开头道:“君不——”孩子说:“见。”妈妈欢喜地接茬:“黄河之水天上——”她期待孩子说“来”,孩子偏偏忘了,她气恼地劈手夺了孩子的棒棒糖,焦灼地用“勒”音引导,孩子于是哭哭咧咧说出了一个含混的“来”字,她急忙接茬:“奔流到海不复——”孩子又不会说“回”了,她气得跺脚,跟众人解释道:“在家里一口气能把《将进酒》背下来……”

我见过哭泣着弹奏《欢乐颂》的天才琴童,也听说过为逃避练琴而自断手指的明星琴童。“早慧”在太多的孩子那里变成了一个不祥的词语。在孩子需要“玩”和“问”的年龄里,我们就开始不由分说地拿“知识”去蹂躏他们,对其智力资源进行“掠夺性开发”,孩子小小的心,堆积了满满的对“知识”的厌倦与仇恨;伴随着确切无疑的

"知识"的获取,他们丧失了想象的能力,早早就可悲地知晓了人是不可以像小鸟那样飞的。即便他们在幼儿园的智力大赛中捧得大奖,也终难逃脱走向平庸的厄运。

该玩的时候学,该学的时候玩,我们什么时候才能走出这个愚昧至极的怪圈?悲怆的"钱学森之问",究竟问醒了几个国人?我们的法律何时才肯担当地站出来,将孩子应有的权利硬性地还给他们?

"小时了了,大未必佳。"是谁,将这八字谶语送给了你我,且让我们在它的寒气中瑟缩千载……

小安吉拉的追问

安吉拉来中国一所外国语学校教书,她八岁的女儿小安吉拉也跟了来。

小安吉拉太喜欢问问题了,看到学校楼梯上靠右边画着两行彩色小脚丫,就问这所学校的孔校长:"为什么要把脚丫画在楼梯上?"孔校长说:"那是提醒学生们要右行礼让啊。"小安吉拉继续问道:"难道会有人分不清左右吗?"孔校长说:"左右倒是能分清,但是,有时候会有人忘了应该靠右边行走。"小安吉拉不依不饶:"为什么会忘了靠右边行走呢?"孔校长噎住了。

正聊着,有个戴着"两道杠"的女生迎面走来,向孔校长问好。小安吉拉惊奇极了,问孔校长:"她为什么把'等号'戴在胳膊上?"

孔校长说："那不是'等号'，那是少先队中队长的队标。"小安吉拉没听懂，疑惑地追问："是不是今天她要值日呢？"孔校长说："不是。是因为她优秀，所以给她戴上这个。"小安吉拉更糊涂了："为什么优秀就戴'等号'呢？那不优秀的戴什么？"孔校长又噎住了。

安吉拉的中文讲得不错，每当提到"中文"这个词时，她总喜欢加个修饰语，管中文叫"美丽中文"。但是，当孔校长建议让小安吉拉到二年级"双语教学班"旁听的时候，安吉拉却一口回绝，她说："让她玩吧！她需要玩！"

半年的聘期很快就到了。安吉拉就要带着她的女儿小安吉拉回国了。临走前，安吉拉拉着孔校长的手对她说："孔，我很佩服你，也很同情你。你的工作，是在向'无'要'有'，也是在向'有'要'无'啊……"

安吉拉和小安吉拉走了。但是，孔校长的耳边却时常响起小安吉拉稚嫩的问话和安吉拉绕口令一般的临别赠语。

是啊，如果不是那个八岁女孩的饶舌追问，孔校长还一直为那些彩色的小脚丫得意呢；如果不是那个八岁女孩的饶舌追问，孔校长还一直为那些戴了"杠杠"的孩子骄傲呢。但是，小安吉拉的追问让孔校长沉思。

这座城市曾设过一个"红灯止步奖"，特等奖的奖品居然是一辆小轿车。这是个多么耻辱的奖项啊，这无异于将该市居民普遍违反交通规则的恶习昭告天下。有句话说得好，"素质就是不必提醒"，而楼梯上的彩色脚丫，不也暴露了这里的孩子尚不具备良好的素质吗？最要命的是那戴在孩子胳膊上的"等号"，它其实是个"不等号"呀！给小小的孩子打上五花八门的标签，让"权力"这东西过早地诱惑孩子纯净的心灵，让少数孩子活在“优越感”的腐气里，让多数孩子活在“不如人”的悲凉里，这是在立功还是在犯罪？别嘲笑那个七岁就迷恋读《参考消息》、胳膊上戴着“五道杠”的孩子，那不是孩子的悲哀，那是成人的悲哀。小学校园，本该是个弥漫着奶香花香的圣洁之地，但是，“官场”却过早地在这里顽强地萌蘖了。孩子的人格被异化，天性被摧残。广州那个叫“杰仔”的小学生，不就曾哭着央求爸爸去老师那里给他“买官”吗？当跑官、要官、买官、卖官成了小学校园的“精神风景”，我们又怎能指望这些孩子日后撑起民族的天空？

孔校长想起陈丹青第一次去美国时的情形。陈先生曾讶异于那里“人人长着一张没受过欺负的脸”。这样的讶异已经很遥远了，但想来却依然令孔校长难过。她所理解的“没受过欺负”，是未受过侵扰的尊严，是未受过轻慢的心灵，是内心恪守的秩序自然外化后无须呵责的行为……这样的“脸”，被我们丢在了哪阵风中？

“你的工作，是在向‘无’要‘有’，也是在向‘有’要‘无’啊……”这句临别赠语，安吉拉是用“美丽中文”说的。她说得多么慰人，又多么戳人呀！天天说着“美丽中文”的我们啊，何时才能从“集体无意识”中彻底醒来，完成对自我的“美丽救赎”……

你的“作弊指数”

我学校的学生一进校门要先上“励志课”。在“励志课”的必读篇目里面，有一篇文章叫“面对作弊的中国学生，她跪下了左腿”。文章讲的是一个叫R的外籍教师，实在不能容忍中国学生大面积作弊，悲怆地跪下了左腿，哀求其76名学生要“做一个诚实的人”。

学习了这篇文章之后，我们开始重拳打击作弊。校方与每一个学生都签订了“诚信合同”，其中明文规定：一旦发现学生考试作弊，而该生又不愿意接受开除或劝退的处罚，那作弊者就必须接受“父亲、母亲、校长同时向自己跪下左腿，且不拒绝媒体采访、报道”。在这样的重压之下，依然有个别学生以身试法。接下来，就进入那段著名的“顺口溜”程序——“学生一犯事儿，说情的就来劲儿。大头儿写来条儿，二头儿捎来信儿。都说屁大事儿，不要整出事儿！”

有人说，作弊是校园之癌。其实，这样的说法不确切。校园的“癌细胞”是“转移”来的，它的原发部位在社会、在家庭。

有篇文章辛辣地指出，“中国人都长了一颗开后门的心”。这一颗“开后门的心”就是“作弊”之癌的早期表现。每所重点高中都有自己的“分数线”，但这个分数线一点都不圣洁，可以被随意调戏——“分不够，关系凑”。一个优秀教师在学校工作了十年也未必能解决“编制”问题，但是，一个软塌塌的“门子货”带着“编制”理直气壮地就闯进来。校长们凑到一起就诉苦：“不该来的学生来了，不该进的老师进了。你刚说了一句抱怨的话，那边立刻抢白你说：‘学生是一流学生！老师是一流老师！’要不咱们单独编个班？让这‘一流老师’统统去教那‘一流学生’？”

学生身后，有家长一双强悍的“撑腰”大手——孩子被录取了，家长要求进好班；孩子被批评了，家长要求换老师；孩子犯错误了，家长要求免处分；孩子去网吧了，家长一口咬定孩子一直躺在床上发烧……为了给孩子“买低”高考门槛，家长不惜重金为孩子办理“高考移民”，却要瞒天过海欺蒙孩子的就读学校，以期占尽本地学生免费教育资源的便宜。打烂一切规则的“孙猴子心态”在家长那里被发挥得淋漓尽致，我们怎么可能指望他们的孩子成为一个规则的信徒呢？

研究表明，人的第二次诞生是由“社会遗传”决定的，“社会遗传”比“生理遗传”重要得多。如果说“生理遗传”决定了我们皮囊的质量，那么，“社会遗传”则决定我们灵魂的质量。

我曾写过一篇文章，题目是“从大海里舀出一瓢淡水”。我痛感我们的教育就是在玩这样一个高难度的游戏。一个朋友跟我说：“去看看企业舞弊，你就不会再为学生作弊纠结了。”当我怨责海水咸涩时，他劝慰我道“还好，不是硫酸”。

“作弊指数”，第一次读到这个词时，我仿佛吃了一只苍蝇。在网上看到过一个星座分析网页，其中有一项就是专门分析人的“作弊指数”的。撇开该分析的荒唐性不说，单说我们苦心发明的这个词语。毋庸讳言，“作弊指数”，是普遍的“负面行动”催生的一个“负面词语”，而这个负面词语一旦面世，就创造了它的一代人将无一例外地被罩进它耻辱的晕轮里。

你的“作弊指数”有多高？当“作弊”成为一种集体无意识行为，你是否会听任自己卷进去呢？在考场亵渎试卷，在学界亵渎真理，在企业亵渎数字，在社会亵渎规则，在官场亵渎信仰……一颗欺瞒的心，引来无数颗欺瞒的心；无数颗欺瞒的心，都将不期然收获千万倍的欺瞒。

人人心里都住着一个魔，你，将用什么锁住它？

你会说“一起去看”吗

刘心武写过一篇小说，题目叫“一起去看”。故事情节不算复杂，却颇耐人寻味——儿子 16 岁那年，父亲搞到两张球票，他跟儿子说，带你去看球！儿子听了，老大不乐意，晃晃肩膀出门去了。父亲无奈，便独自去了赛场，在门口把富余的那张票退了。让父亲没想到的是，中场休息时，他竟发现儿子也来了。儿子正和一帮同学在一起嘻哈说笑，气急败坏的父亲一怒之下没等散场就回家了。后来，儿子上大学了，某天母亲重提旧事，儿子说，您记得他怎么造句的吗？带你去看球！我觉得自己是大人了，他却把我当成了附属品，随随便便把我带来带去。再后来，儿子工作了，父亲坐上了轮椅。一天儿子对父亲说，爸，我带你去看场球吧！父亲听了，老大不乐意。不等儿子下班开车来接，就独自驾着轮椅直奔赛场。儿子赶到家，自然扑了个空。母亲对他说，你爸说他不要人带去，他说他又不是件东西，凭什么让人带来带去？在赛场，儿子找到了父亲。中场休息时，儿子对父亲说，一起去洗手间吧。父亲微笑点头……

当父亲对儿子说“带你去看球”的时候，他话中没有歹意；当儿子对父亲说“带你去看球”的时候，他话中也没有歹意。但是，一个“带”字，却听得人心中生出万般不快。父亲与儿子，都曾在某一个特定的时刻，忽略了使用“一起去看”这样的词语；而彼时彼刻处于相对劣势的人，都敏锐地嗅出了这“忽略”中散发出的不平等气息，于是便毫不犹豫地用自身的悖谬行为进行了软抵抗。好在这一对父子在分别犯了同样错误之后，终于自觉摒弃了那句不招人待见的“带你去看”，也终于懂得了“一起去看”的无比珍贵。

除了在屋檐之下，我们还在哪些时刻粗暴而流畅地说着“带你去看”之类的话，却浑然不觉呢？

占有优势话语权的人，往往容易犯“居高临下病”。走进课堂，我发现太多老师迷恋说“老师讲给你听”、“老师做给你看”。站在讲台上发布正确答案，让一些老师上了瘾——以一个“万能人”的姿态矗立学生面前供其瞻仰膜拜，恰是他们孜孜以求的目标。他们似乎压根儿就不会说“我们一起……”这样的话，越是上公开课越是要抢镜头，舍不得给孩子机会，顾不上让孩子精彩。当我走进山东杜郎口镇中学，我发现那里的每一间教室都没有讲台。校长告诉我们说，我们砸掉讲台，就是逼着老师成为学生中的一员，让师生真正走到一起去学习。

在一个笔会上，我遇到了一位大家。他给我一张个性名片，上面印有他手书的“永远是朋友”。我一直称他“X 老师”，散会那天，却听到有人喊他“X 部长”。我说，原来您是这么大的官啊！名片上怎么不写呢？他淡然一笑说，在一个陌生环境里，我不愿暴露自己的职务，怕大家对我产生“职务歧视”。“职务歧视”？好新鲜的说法！我问自己，我会“歧视”某些高职务的人吗？也许会吧。那些被我“歧视”的，多是不懂得与人平行对话的人，他执拗地热爱着与人垂直对话的感觉，高高在上，打着官腔，说着连他自己都不信奉的所谓真理。

这样的人，懂得“一起去看”的珍贵吗？

占有优势话语权的人啊，你是否属于“居高临下病”的易感人群呢？那躲在连你自己都不知道身体哪个角落里的优越感，会不会在某个时刻用一个刺耳的句子说出你致命的倨傲呢？当你带学生走向一个精彩世界，当你带民众走向一个繁荣明天，你会说“一起去看”吗？

“性别倒错”谁之过

教心理学的田老师是一个五岁男孩的妈妈。她忧心忡忡地告诉了我一件事——在幼儿园，小朋友的厕所是不分男女的。有一天，她应邀去儿子的幼儿园参加一个活动，带儿子去厕所时，她发现厕所显眼的位置贴着一幅儿童画，画上分别画了男孩女孩小便时的不同姿势。她很好奇，便问园长为什么贴了这么一幅画。园长说：“说来好笑，我们发现好多小男孩都蹲着小便。原因嘛，可能是由于幼儿园里全都是女老师，他们看到老师上厕所的样子，便不自觉地学开了。为了纠正男孩错误的小便姿势，我们就画了这样一幅画。”

田老师说：“听了园长的话，我特别震惊。如厕姿势本是小事一桩，但它是孩子自我性别认知的一种无意识的外化。男孩的女性化，值得全社会警惕。你知道吗，每天和我一起接送孩子的一个妈妈，硬是把自己的男孩往女孩里捯饬，那男孩烫头发、穿花衣、喷香水，动不动就哭鼻子，比女孩还女孩。还有一件事，也特刺激我——我儿子跟隔壁的一个男孩玩‘过家家’，两个人居然都抢着当妈妈！我们的男孩，大都生活在一个女性主宰的世界里——生下来主要由妈妈带，到幼儿园之后全是女老师，小学和初中的男老师绝对是‘稀有动物’，男孩的‘性别感’哪有机会被唤醒啊？所以，他们穿错了衣服，玩错了游戏，甚至连小便姿势都出了问题！我想给你看一个东西。”

田老师打开了她随身带着的手提电脑，选中一个名为“2011 年国内最性感男性 QQ 头像”的文件夹。文件打开，千娇百媚的男子排了满满一屏。田老师指着那些头像说：“你看这些人，哪像男性？个个都女里女气！喏，这个肯定是刷腮红了；这个呢，媚眼飞得特撩人；这个好像还戴了美瞳吧；你再看这个，唇彩涂得真让人惊心动魄啊；这两个呢，头发都挑染成雉鸡了；最让人受不了的是这几个，翘着兰花指搔首弄姿的——天哪！这叫‘性感’？这不是变态吗！我觉得一直以来，我们把一个好端端的词给用错了、用偏了，那就是‘性感’这个词。‘性感’，既是指女性具有鲜明的‘性别感’，也是指男性具有鲜明的‘性别感’，而这两者之间是不可以混淆的呀！”

田老师说：“我想向天下所有男孩的母亲推荐日本一个叫片山悠贵德的七岁男孩的作文，题目叫‘我和爸爸的便当盒’。不瞒你说，我读那篇文章时忍不住哭出了声。我必须承认，作为一个母亲，我特别‘馋’那个男孩。一个七岁的孩子，心智已经发育到令人惊叹的程度。他的内心世界那么强大，又那么温和。当他用死去的父亲的便当盒吃饭时，他为自己的好胃口欢悦，希望自己能快快长成一个可以保护母亲和妹妹的男子汉……你说，这样的男孩，怎能不让人‘馋’呢？汉字里‘男’这个字，就是到田里出力，男是力的别名。男人就应该健硕、阳刚、粗犷、勇毅、担当。有真男人的世界，才会真精彩。我这里还有一个文件，打开给你看哦——”

我注意到这个文件名为“好莱坞性感男星”。文件打开，胡子拉碴的男人排了满满一屏——乔治·克鲁尼的抬头纹深似江河、帕特里克·德姆西的头发乱如鸟窝、罗德里格·桑托罗的表情冷似冰川、布拉德·皮特的肌肉健如钢铁……田老师说：“看见了吗？没有迷失性别的男人就该是这样的！不瞒你说，我家电脑的屏保设置就是这些图片。我就是要把我儿子打造成一个彻头彻尾、彻里彻外的男子汉，我要让他永远都不要搞错，他，性别——男！”

我多么心疼那个孩子

上体育课的时候，初一年级学生小飞从单杠上摔了下来。老师过去扶他，却见他浑身抽搐，口吐白沫。老师吓坏了，赶忙打了120，把孩子紧急送往医院。

班主任和校长都赶来了，小飞的父亲接电话后也慌忙赶了过来。

大夫说是癫痫，好在已控制住。

家长哭了，说：“好好的孩子，怎么在学校就摔成了癫痫……”

校长问：“孩子以前没有这毛病吗？”家长跳起来，说：“你什么意思！想推卸责任是吧？告诉你，我家孩子身体一直特别棒，一点毛病没有，你们学校的责任就是百分之万！”

孩子出院了。家长拿着一张医院的诊断证明来找校长索赔，白纸黑字写得清楚：“剧烈运动导致癫痫。”

校长复印了那份诊断证明，告诉家长说学校领导班子需要认真研究一下。

几天后，校长找到小飞，问他：“孩子，你能不能告诉我，你以前见过别人犯癫痫病吗？”小飞突然喘起了粗气，央求校长说：“校长，我不能听到那个词，一听到就难受……大夫说这叫后遗症。”

家长来学校催问研究结果，校长拿出了一张纸给家长看。家长看后，满脸通红地低下了头。

原来，那是小飞曾就读的小学出具的一份关于小飞“特异体质”的证明。小飞属于遗传性癫痫，他母亲是个重症癫痫病患者。

校长对小飞的父亲说：“你的家庭很不幸，而你还嫌这不幸不够，便竭力折腾——为了对付学校，你花钱买通了王医生，让他开虚假不实的诊断证明，你又为小飞设计了别人问起病情时的台词，你不惜付出物质和精神的双重代价，而医生和小飞都被迫做了你的帮凶。你指望着敲诈学校一笔钱，可你想过没有，假如你真的敲诈成功，你家小飞将会因此背上一个多么沉重的谎言代价——他要设法掩盖自己的病史，还要设法掩盖母亲的病情，最可怕的是，你让他以‘骗子’的身份在学校里生活，你残忍地剥夺了孩子坦然面对老师和同学的权利……我多么心疼那个孩子啊！拜托你不要这样虐待他。我已经见过小飞的小学班主任，她听说小飞的事后非常惦念，托我给孩子带来了一封慰问信；我也见过王医生了，他很愧疚，托我把你留给他的钱带了回来。另外,按照惯例,我们学校有一份给小飞的慰问金;还有,我本人为你夫人选了一本关于养生的书——请一并笑纳。”

命运有迹可循

我们到两户寒门学子家去家访。

这两户人家的情形很相似,都是“因病(残)致贫”,都有一个聪明懂事的孩子。

我们按照事先准备好的地址先去那位男生家。女主人热情地把我们迎进门。截掉一条腿的男主人半躺在沙发上,身边放了一副金属拐。女主人开始向我们讲述那场万恶的车祸,她说,那天她丈夫本不打算出门,但邻居要买摩托车,央他去帮着作参谋,两个人就各骑一辆自行车往商店赶,不想那邻居的车被一辆抢道的三轮车挂了一下,她丈夫跳下自行车想要与那个莽撞的三轮车司机理论,就在这时,可怕的事情发生了——一辆疾驰而来的大卡车撞倒了她丈夫。她丈夫当下就不省人事,邻居吓晕了,肇事司机逃逸了……她把家里的全部积蓄都扔进医院,也没能保住丈夫的那条腿。她让邻居家拿些钱出来,他们不肯,于是两家彻底闹翻——而这一切,都发生在孩子上初三那年。女主人边讲边掉泪,我们也陪着掉泪。最后她叹口气说:“那天,他要是不跟着那可恶的东西去买摩托车就不会出事；就算去了，要是那可恶的东西被三轮车挂一下他不管闲事，也不会出事；要是那大卡车司机不跑，我们也不至于把家底儿捣腾空；要是那可恶的东西有一点良心，我们也不至于这么伤心难受……倒霉事都让我们赶上啦！我不甘呀，总在心里问自己：怎么会这样？怎么会这样？”

我们又去了另一位女生家。女主人热情地把我们迎进了门，她对躺在床上的丈夫大声说：“快看谁来了！打个招呼啊！”男主人含糊不清地跟我们说着客套话，请我们落座。通过女主人的讲述，我们得知她丈夫半年前患了脑溢血。“他得病前可精神了，你们看，这是我们的全家福——”女主人拿起桌子上的一个相框给我们看。照片显然是修饰过的，上面的三个人看起来都像是电影明星。我们便夸道男的英俊、女的漂亮、孩子可爱。男主人听了，呵呵地笑起来。“就爱听别人夸他长得好。”女主人数落她丈夫，目光中却满是爱怜，“这一闹病，嘴也歪了，眼也斜了，头发也全剃光了……出院回家第一件事，就是闹着要照镜子。我说，不给照！等你恢复成原先那个帅小伙了再给你照……大夫说，他的咀嚼功能也需要慢慢恢复。他还挺馋的，昨天我煮了两个玉米，他闻见味了，非吃不行。我说，你牙口不好怎么吃啊？他指指我的嘴——让我嚼了喂他。你们说他有多精吧……我特别知足，他恢复得挺快。我老跟他念叨：你快好起来吧，等孩子考上了大学，咱俩得去送她呀！”女主人脸上一直挂着笑，我们也跟着笑，却笑出了泪花。

回到学校，我特别留意那两个同样不幸却又截然不同的家庭中成长起来的孩子。我发现那位男同学的眉心过早地出现了不该出现的“川”字纹，汹涌的哀愁就在那“川”中流淌，在回答我们关切的提问时,他用一迭声的叹气将我们的热情和他自己的希冀一并掀进绝望的万丈深渊;而那位女同学却长着一对深深的笑窝,笑窝里斟满阳光,当我们试图送上贴心的劝慰时,她反用暖人的话语化解了郁结于我们心头的忧愁。

我想,上天摊派给那两个家庭的苦几乎是等量的,但是,就因为这两家的女主人一个活在对昨天的懊恼中,而另一个活在对明天的祈愿里;一个的态度是"怎么会这样",而另一个的态度是"应该是那样",这两个家庭对这苦的感受与体味就有了一个判然分野,而这也差不多将成为下一代人性格与命运的判然分野。

育人的四种境界

看到过一则反虚假广告的公益广告,画面上是一株生长在精致花盆中的大蒜,绿叶青葱,煞是可爱,画面下面有一行触目惊心的大字:大蒜是这样变成水仙的。

将大蒜吹嘘成水仙确实有欺世盗名之嫌,我们知道,即使将大蒜种在金盆里,它也决然开不出雅洁芬芳的水仙花。但是,育人之道却似乎不可一概而论,因为"大蒜"与"水仙"之间的神妙转变不是绝对不可能发生的事。

若以大蒜与水仙为喻,我以为育人当有四种境界。

其一,将水仙看成大蒜。有的人以为,既然是水仙,你就应该积极地用花朵证明自己，那没有开放花朵的植物凭什么要将它看成是水仙？这样的人，没有耐心去等，也不愿意相信热心的呼唤和勤心的培育，将会使那正孕育着花朵的植物早日实现开花的梦想。更可怕的是，我们当中有些人只会将"高分"视做"花朵"，那没有得到高分的孩子，即使有着善良的人性、高尚的品德、良好的艺术天赋、超凡的体育技能，也会被粗暴地认为是开不出花朵的大蒜。将水仙看成大蒜，以瓦缶养之，断水少光，忽略的目光让它备尝遭受冷落的痛苦，这样，一株不折不扣的水仙也会在苦泪中变成大蒜。

其二，将大蒜看成大蒜。这样的眼光本无可厚非，本来嘛，那大蒜压根儿就不是为开花来到这个世界上的。但是，哪怕是一株不开花的植物，也应该帮助它学会欣赏花开的美丽。让孩子学会审美，让孩子获得一种灵魂在高处的尊贵体验，让孩子即使做着最没有诗意的事情也能有诗意的情怀。要知道，一棵具有水仙境界的大蒜，是非凡的大蒜。

其三，将水仙看成水仙。这样的人是值得尊敬的，不管那水仙是否延误了它的花期，培育它的人都从不失望，从不怀疑。他精心地侍弄着它，殷切地期待着它。他在一份预支的花开的喜悦中幸福地劳作，以心中的花开引导现实的花开。毋庸置疑，被肯定的目光注视着的孩子更容易与成功牵手。然而，孩子也有沮丧的时候，在这样的时候孩子彻底地否定了自己，他已毫不犹豫地把自己唤做"粪土之墙"了。但爱他的人不这么看，他以为水仙就是水仙。他有决心、有信心将水仙从自我心灵的阴影中拯救出来，然后，和它一道迎来生命的花开。

其四，将大蒜看成水仙。你可能会说，哈，这样的人眼力太差！

我却要说，这样的人，不是眼力太差，而是心力太强。大蒜确乎生来就没有开花的奢望，它只是想默默度过身为大蒜的一生。但是，命运使它遇到了那个人。那是一个有着慈母心怀且有着点石成金本领的圣人，他的出现使孩子的智慧泉开始喷涌。孩子从此就可以唱"我有两次生命，一次是出生，一次是遇见你"这样的歌了。我想，既然"霍桑实验"已经证明了"关注"可以使生产效率大幅度提高，而"罗森塔尔效应"也告诉我们"说你行，你就行，不行也行"这样一个有趣现象的存在，那么，将大蒜当成水仙来呵护侍弄的人，就有可能在日后嗅到世间最芬芳迷人的花香！

第三编

中国教育的情与理

感恩是门必修课

第一次听欧阳菲菲唱那首《感恩的心》，是在热闹的大街上。在那动人的歌词和旋律面前，我不由得停下了脚步——

我来自偶然，像一颗尘土，
有谁看出我的脆弱？
我来自何方？
我情归何处？
谁在下一刻呼唤我？
天地虽宽，这条路却难走，
我看遍这人间坎坷辛苦。
我还有多少爱？
我还有多少泪？

要苍天知道我不认输！
感恩的心，
感谢有你，伴我一生，让我有勇气做我自己。
感恩的心，
感谢命运，花开花落，我一样会珍惜。

不知为什么，就特别喜欢这首歌，仿佛那是从我心底里掏出来的句子和调子。在这不期然的相遇面前，我感慨良久。

后来我所在的学校和本市聋哑学校结成了友好学校，我们的学生和那些聋哑学生一起学会了《感恩的心》的手语表达。当我看到那些听不见旋律、唱不出歌词的孩子动情地和我的学生们一起用手语演唱《感恩的心》的时候，我和台下的观众都禁不住泪流满面。在我们这些健全的人看来，那些孩子最应该诅咒命运的不公，因为瞎了眼的命运女神残忍地把他们打入了一个死寂的世界。但是，他们非但没有诅咒，还怀了一颗可贵的感恩之心。看到他们面带微笑地打出"感恩的心"这句手语，我为自己心底隐藏着的怨尤与懊恼感到羞耻。

懂得感恩的人是幸福的人。

感恩，应该成为我们的一门必修功课。

让人遗憾的是，太多的人没有修好这门功课。幸福的生活，把我们娇宠成了"豌豆上的公主"！爱是那一层又一层的柔软褥垫，但仅仅是最下层那一颗小小的豌豆粒，就惹得睡在上面的"公主"抱怨不已、叫苦不迭。被生活亏待的人，莫过于那些身体有残障的人，可就连他们都可以带着灿烂的笑用手语演唱《感恩的心》，我们这些健全的人，还有什么理由不由衷地向生活致谢呢？

“天恩浩荡”，我喜欢把这个“天”字理解成造就了我们、滋养了我们的一切爱与美。乳香与麦香、花香与茶香、墨香与书香……这些香殷勤地熏香了我们的生命，使我们越来越健壮也越来越温文，越来越丰富也越来越美丽，难道我们不应该向着这慷慨的赐予深深感恩吗？

集盲、聋、哑于一身的海伦·凯勒曾经问一个从森林里归来的人，你在森林里看到了什么？那个人沮丧地耸耸肩说，森林里有什么好看的？海伦为他的这个回答感到非常意外和遗憾，因为在她看来，那人白白地拥有了一双明亮的眼睛和一双聪敏的耳朵。森林里有那么斑斓的色彩，他却视而不见；森林里有那么动听的鸟语虫鸣，他却充耳未闻。他可怜的心灵失明了、失聪了，所以他才做出了那样令人遗憾的回答。有时候，我们也会犯类似的错误，面对自然的秀色，面对亲友的温情，我们常会患上一种叫做“麻木”的疾病，因为可以日日坐享，便不再将珍奇视为珍奇。每天，我们住在爱里却浑然不觉，把一切幸福的拥有理解成为理所应得。对爱麻木的心，最容易被怨恨蛀蚀，而充满了怨恨的人生往往是与成功无缘的。

想想看，我们赤身来到这个世界上，是什么让我们成为现在的自己？巴金说过这样一句话，我们不是单靠吃米活着。他说得多好！我想说，我们其实是啜饮着“爱”长大的啊！仅仅懂得被动地领受爱，证明你还远未长大；能够被这爱深深感动，证明你已摆脱了那个幼稚的自我；而把这爱理解为一种伟大的赐予，并努力去回报这爱，证明你已走向真正的成熟。

所以，我愿意给我深爱的人们一个提醒：请认真学好“感恩”这门必修课，因为感恩的过程就是心灵提纯的过程。懂得感恩，你就能拥有幸福，并让爱你的人感到幸福；懂得感恩，你就能成为一个受欢迎的人，“机会”就愿意与你牵手；懂得感恩，你就能“有勇气做我自己”，你的生命之树就容易结出成功的果实。

愿你和我一样爱上那首《感恩的心》，不管心空是阴是晴，让我们一起轻轻地唱吧！

只有创造才能拯救

“创造就是消灭死。”罗曼·罗兰如是说。

生命从诞生的那一刻起，就在一步步地滑向死亡的深渊，再有威势的手也不可能阻止这一切。因而我们只有选择创造，创造能使我们有限的生命得到无限的延伸。

太阳创造了光明，太阳被万物景仰。

母亲创造了婴儿，母亲受世人崇敬。

贝多芬作古了，他的精神因《命运》而不朽。

罗丹仙逝了，他的思想在《思想者》中永恒。

不要将你的心智和双手闲置起来，不要听凭死亡噬啮你的血肉之躯。既然上天赋予你一次生命，你就有责任使它最大限度地放射出光华。

用你丰富的天性去沟通理解人们吧，只有那样，你才能够远离枯萎。相信你是世上的唯一，没有人能重复你的思维、你的足迹、你的情感，把这份独特奉献给世界，你就走进了世间最美丽的风景。

记着，只有创造才能拯救你！

美丽的力量

在台湾的时候，正赶上2010台北国际花卉博览会。在飘着桂花甜香气息的大街小巷，到处都能看到“花博会”的主题词——“美丽的力量”。五个彩色动感的汉字，头上绽放着花瓣、烟花，看得人心旌都跟着摇曳起来。

回来翻看照片的时候，我发现照了太多以这个可爱的主题词为背景的照片，才知道自己爱上了这五个灵动多彩的汉字。

今年春上应朋友阿芳之约，去洛阳看牡丹。当我随人潮痴痴地跌进美得让人心痛的牡丹花海时，我心里一下子跳出了在台北看到的那五个绽放着花瓣烟花的汉字——“美丽的力量”。

如果美丽没有潜藏着巨大的力量，她怎能将千里之外的我牵引到她的身旁？在我心中，一座城市有一个意象，大连是一朵浪花，衡阳是一声雁鸣，湛江是一树夹竹桃，而洛阳自然是一朵千年不凋的妖娆牡丹。欧阳修说：“洛阳地脉花最重，牡丹尤为天下奇。”在洛阳，我的心思全在牡丹上，看了一个园，还想再看另一个园。手里的纸扇上摇着牡丹，手机的壁纸上开着牡丹。吃了一席牡丹宴，作了十首牡丹诗。抱起一个牡丹花籽枕头，就舍不得放手，甚而至于到了机场，托运了所有行李，却不肯撒手这个漂亮的枕头，搂着它飞上万米高空。

阿芳对我说："看了洛阳牡丹，你要是还动不动就穿一身黑，就叫悟性差！"我悟性不差，回来后穿衣风格大变，真真迷恋上了色彩鲜丽的服装。美丽的力量，征服起你来不啻爱情。

我喜欢那个真实的故事，一个外国人来到九寨沟，看到那遗落在人间的美丽仙境，突然扑通跪倒在地，涕泪横流。我不晓得他是否会说"美丽的力量"这个词组，但我明白，他在被美丽击中的瞬间，慑服于这无可抗拒的伟大力量，身与心顿时瘫软如泥，沉醉如酒。

在这个世界上，太多的人痴迷地相信着一种看不见的力量。知识、宗教、地位、权势、金钱……我不否认它们的力量。它们所给予心灵的救赎以及为空虚的生命注入的充盈感是这样真实地存在着，不容你忽视。但是，在这些之外，你有没有能力感觉到有一种"美丽的力量"存在呢？

我曾在看一部纪录片时多次流泪。那是雅克·贝汉等人花费四年多的时间拍摄的《迁徙的鸟》。美丽的鸟，在天空排成诗行，平平仄仄地飞翔。它们相约飞越大西洋，却不期然在途中遇到暴风雨。茫茫大海上，只有一艘孤独的轮船随巨浪起伏。无助的鸟们误将它认成了小岛，纷纷栖落于甲板，从容地梳理起了羽毛；有一只疲惫已极的鸟，索性卧下，将头埋到翼下，甜甜地进入了梦乡。在镜头之外，我想我看见了那在暴风雨中跟踪鸟的人，他们的飞机成了迁徙的鸟群中特殊的一员。鸟们睡了，他们也不睡，他们在耐心地等待着羽毛干透的鸟同朝阳一道醒来……他们是在用生命的燃烧礼赞着"美丽的力量"。

看《迁徙的鸟》而不流泪的人，不配做我的朋友。

美丽的力量，是一种让你的心变软、骨头变硬的力量；美丽的力量，是一种让你愿意抛却怨艾、铭记恩泽的力量；美丽的力量，是一种让你勇于摒弃那个丑陋旧我、悉心培植纯美新我的力量；美丽的力量，是人人心中都适宜生长的一种可爱植物。看重它、培育它、欣赏它，让它成为你爱这世界的一个重要理由。

养活灵魂

我读大学时，教授明清文学的是朱泽吉先生。朱先生可以大段地背诵《红楼梦》。他在讲台上背，我们在下面对着原著看，盼着他"打奔儿"或出错，但我们却每每失望……当时没有觉出这情景有多稀奇，多少年后朱先生作古了，我却一次次驱遣着自己的心重回那渐去渐远的课堂，有时竟会莫名地淌下热泪。

先生嘱我们中文系的学生要"多读一点，多背一点，多写一点"。做了语文教师之后，我也这样要求我的学生。无疑，读与背，是"纳"的过程(背是"精纳")；写，是"吐"的过程。有了很好的"纳"做基础，我们才可以期待自己"口吐莲花"。

浮躁的时代，使许多文人品质变异。2010 年高考作文全国卷是让谈"浅阅读"的，互联网的深度介入，使太多人的阅读沦为"扫描式阅读"。"浅阅读"的盛行，是文人堕落的一个信号。杂文家徐迅雷先生写过一篇妙文，题目是“智识分子·知识分子·知道分子”。看张爱玲的文字，你会注意到她将我们所谓的“知识分子”一律写成了“智识分子”，这是那个年代的一种惯常写法。徐迅雷先生将“智识”巧妙地解释成了“智慧地认识”，那个年代的书生确乎能在书中淘到智慧，且促生自我智慧；后来，“智识”变成了“知识”，隐逸在书斋中的知识分子虽不及智识分子“智慧含金量”高，但还算差强人意吧；到了现在，索性变成了“知道分子”，知道分子满足于知道，他们获取信息的渠道多是显示屏（电脑、手机），他们的活动场所多是荧屏，他们不屑苦读，不屑深钻，他们时刻都在努力做“高贵状”，一不留神却为“浅薄”做了注脚。让自己从“知道分子”，上升到“知识分子”，再上升到“智识分子”，这是一种“正修炼”，否则就是一种堕落式的“逆修炼”。

“深阅读”不回来，“深刻”就只有流浪的份儿。

我担任语文特级教师评委的时候，一位语文教师准备的说课是《荷塘月色》。他眉飞色舞地讲如何“以讲带背”，即通过他的讲解使同学们将要求背诵的段落轻松背过。我很欣赏他的教学方案，便决定奖赏他一个最容易的答辩题，我说：“那咱们就背诵一段。我开个头，你接着往下背。‘曲曲折折的荷塘上面……’”结果，这位老师只能接背一个句子“弥望的是田田的叶子”，然后就借口“感冒”不往下背。我想，一个语文教师如果能够对美好的文字“爱之入骨”，背诵就不再是苦役而是乐享。

有人可能会问，“搜索”盛行的时代，“背功”还有用吗？这个问题似乎可以跟“打字盛行的时代，练书法还有用吗”归为一类。面对这样的问题，善背的人与善书的人一定会发笑的，因为这问题着实可笑。

贾岛说："一日不作诗，心源如废井。"目下真正"与写为伴"的文人还有多少呢？降生尘世，每个人都希望活得"值"。真正的"值"不可能仅仅是与物质为伍，文人更需要以精神生活做生命的给养。柏拉图说过一段妙语：通常来讲，人类会养育两类子女，一类是"身生子女"，一类是"魂生子女"；前者是我们与"爱"结合的产物，后者是我们与"美和智"结合的产物。我想，对一介文人而言，多写一些好东西，就等于让我们的灵魂多分娩了一些优秀"子女"，我们就算活得值了。

我有时为了出一本新书翻查自己的旧作。面对那些从自己心底流出的文字，竟会生出一丝陌生感。彼时之情，彼时之景，若不是凭靠了文字的细腻记录，大概就留不下丝毫可供凭吊的印记了吧？相似的日子，多么容易湮没在时间的海里！感谢文字，使我生命留痕。

杨丽萍说她用舞蹈"养活灵魂"。这句话可能会在太多的领域寻到知音吧？画家用丹青养活灵魂，音乐家用音符养活灵魂，文人则理当用文字养活灵魂。

我们的民族从没有像今天这样崇尚娱乐，几乎人人心中都有不轻的"小品情结"，连日军侵华这么沉重的话题都可以整出搞笑版。一个"笑星"的知名度远比一个学术明星的知名度大得多。在"不娱乐，毋宁死"的今天，太多的人推崇"多唱一点，多跳一点，多玩一点"。在这样的世风之下，我依然愿意模仿着恩师的调子鼓吹"多读一点，多背一点，多写一点"。

朋友，你可能体察我的深意？

培植静气

所谓“静气”，不仅仅是指让我们的身体安静下来，更重要的是让我们的灵魂安静下来。

静气的对立面是俗气与燥气。欣赏仓颉苦心所造的“俗”字与“仙”字——“俗”，人往谷底走；“仙”，人往山上走。多数的人都往谷底走了，《弟子规》中说得好：“同是人，类不齐，流俗众，仁者希。”走到谷底那个熙来攘往的嘈杂世界，人心就容易与静气绝缘。被物质操控的浮躁生命，很难体味到精神飞升起来的快感。

我喜欢一位记者朋友与女儿的一段对话。做记者的妈妈去幼儿园接孩子，孩子说：“妈妈，别人的妈妈都是开车来接孩子，你却骑自行车来接我——你比不上别人的妈妈。”妈妈听了，回答说：“别人的妈妈不会写文章，妈妈写的文章却能在全国拿奖——别人的妈妈比不上你的妈妈。”我要为这位母亲的回答喝彩。人活一世，不能发誓将所有的日子都兑成票子。“成功”两个字应该是远离铜臭的。我愿意引领我所爱的人去看清：太多的犹太人上了“财富排行榜”，但是，真正令犹太人感到骄傲的是他们为世界贡献了那么多大思想家、大科学家、大艺术家。如果一个民族人人都拜金，金子绝不会长久取悦这个民族。让物质的收益成为精神追求的副产品，才是我心目中理想的状态。对一个从《诗经》、《离骚》中走出来的书生而言，骨子里的那点凛然傲气，应该成为我们永不失传的DNA。

静气是对诱惑的自觉拒斥。

静气是对“天地境界”的自觉追求。

静气是“本我、自我、超我”的高度和谐统一。

抱怨是静气的大敌，感恩是静气的良友。告诉自己这是一个值得“惊喜面对”的世界：“活着，就要好好活。”教给我说这句话的，是一个在旁人看来最不应该拥有感恩心态的人。她名叫王林梅。唐山大地震将王林梅19岁的生命残忍地定格为一个侧卧姿势。医生预言她只能活5年，然而，美丽坚强的林梅硬是没有让自己奔赴那个黑色预言。50岁那年，侧卧于床的她异想天开地要学电脑，可她严重变形的双手根本不听使唤。她用拳头在键盘上敲字，连续敲了几个月的乱码，好在她没有让沮丧吞噬掉自己心中的向往。她静静地感受，静静地体会，竟意外地发现食指的中间关节碰键盘输入的准确率相对高些，这一发现令她惊喜万分。当她终于用这个宝贵的关节准确地敲出一段文字时，她喜极而泣。她用了两年多的时间，以一种异常艰难的姿势，将自己对生命的感悟与感恩写成了一本16万字的书《期待每个黎明》，她要用这本书告诉这世间幸与不幸的人们：活着，就要好好活！

静气可以涵养灵魂。

静气可以消解苦难。

静气可以让庸常的生命放出异彩。

“贤者所怀虚若谷，圣人之气静如兰。”这是我获赠的一副对联。我非“贤者”，更非“圣人”，但我愿意向着这样的境界努力。因为我深知，静下来才能听到美妙音乐，静下来才会有缪斯君临。

相信吧，在这个嘈杂的世界上，只有安静的灵魂才能生出翅膀，自在飞翔！

“自救方案”

春天的枣林，浮动着枣花的甜香；和暖的阳光逗欢了檐下的一窝麻雀，雀妈妈决定带孩子们到枣林里去试飞。小雀儿们喳喳叫着，张开稚嫩的翅膀飞出巢穴。枣花簌簌而落，阳光被搅成了碎银子。雀妈妈望着自己五个可爱的孩子，得意非常。这个幸福的母亲万万没有想到，一只凶残的猫正悄悄地逼来。当小雀儿们蓦然发现妈妈正面临着怎样的危险时，那只猫早窜了上来，一口咬死了毫无防备的雀妈妈……小雀儿们被激怒了，它们毅然决然同仇敌忾地冲向那只在它们看来无异于庞然大物的猫。猫惊慌地丢下它的“战利品”跑回了屋里……

这是一段文言故事。文章写到这里时有这样一句话：“雏飞奔入室者三。”我让同学们解释这个句子。有个同学说：“就是，有三只勇敢的小麻雀跑到屋里去找那只猫算账。”我问同学们，这样理解到底对不对？同学们茫然地望着我，那意思是说，这有什么不对的嘛！我十分肯定地告诉大家说：“不对。你们再好好想想，还有没有别的译法？”有个女生怯怯地站起来，说：“老师，我也不知道究竟该怎么译，但我觉得只有三只小麻雀跑到屋里去找猫算账，好像不太可能。我觉得，那五只麻雀一定会一起上的。”我说：“很好，你的推断完全合理！同学们，你们不妨想一想，当一个正在共享天伦之乐的和美家庭顷刻间遭遇不测的时候，它的每一个成员都不可能坐视不顾呀。那五只小麻雀儿就是忍着巨大的失母之悲，奋不顾身地去向它们的强敌讨还血债的啊！现在，同学们再来试着说一说，‘雏飞奔入室者三’到底该怎样理解？”

大家慷慨悲壮地齐声答道：“小麻雀儿们多次飞到屋里去找那只猫！”

我满意地点点头，转身在黑板上写了四个大字：“雀尚如此。”

一只老鼠不幸掉进一个无比坚硬的空皮袋里，皮袋被不知情的主人捆扎起来，可怜的老鼠陷入了绝境。可是，它并没有坐以待毙，而是用超人的智慧为自己寻到了救星——夜深人静的时候，它故意发出噬咬东西的声响，引来主人举烛探看。烛光一照到它身上，它便立刻直挺挺躺下装死。主人见是一只死鼠，一下子放松了警惕，倒提皮袋抖出了老鼠。老鼠一落地，即刻闪电般逃走，令目瞪口呆的主人“莫措其手”……

每次讲到苏子笔下的这只“黠鼠”，我总要生出颇多感慨，我想这确乎堪称一只非凡的鼠。它处绝境而不绝望，陷死地而不死心。它在黑暗的深渊里从容地筹划着严密周详的“自救方案”，它那超绝的才略、高妙的演技，无不令人拍手称奇。

如果你是一个身陷困境的旅人，或是一个遭遇险境的弱者，我多希望你能想起苏子笔下的这只鼠，想起它的临危不慌，处惊不变，从而步出险地，迎来曙光；如果你是一名追剿歹人的勇士，或是一名捍卫正义的士兵，我多希望你能想起苏子笔下的这只鼠，想起它的诡谲多变，奸诈狡黠，从而勇猛出击，战胜顽敌。

第五种自由

孩子，相信你一定会像我一样深深地爱上这种表述——第五种自由。

真的，除了言论、出版、集会、结社这四种自由之外，人类确实还享有第五种自由，那就是“成为最佳”的自由。

几年前读过一篇文章，题目叫“花儿努力地开”，我非常喜欢这个题目。花儿被孕育、被浇灌、被期待，在这过程中，它拥有了可能成为它那个家族中最美丽的一朵的自由，于是它要毫不懈怠地“努力”开放。最近，我看了美国生物学家刘易斯·托马斯写的《这个世界的音乐》，其中有一段描写画眉的文字，写得妙极，抄录一段与你共享：“我后院的画眉低首唱着如思如慕、流水般婉转的歌曲……它像一个住在公寓的专业歌手一样练唱。它开始唱一段急奏，唱到第二小节的中间部分戛然而止，似乎那儿应该有一组复杂的和声。它从头再来，但还是不满意。有时它明显地改用另一套乐谱，似乎在即兴来几个变奏。这是一种沉思的、若询若诉的音乐。我不能相信它只是在说：‘画眉在这儿。’”孩子，你是不是也像妈妈一样认可刘易斯的说法，觉得那画眉不可能是在说那句简单的话？要是让你来给这只不懈鸣啭的画眉配音，你会为它设计出怎样的台词？

如果你需要征求妈妈的意见，妈妈想悄声提醒你，应该是"努力追求最佳演唱效果的画眉在这儿!"孩子，你以为如何?

连花儿都懂得努力地开，连鸟儿都懂得努力地唱，作为万物之灵的人类怎么不应该享有追求最佳的自由呢?

记得吗?你父亲曾从报社给你带回来一沓三四寸宽的"大样纸"下脚料，你把它装订起来，每天在上面写一条激励自己的"名人名言"。有一天你去上学了，我收拾你的写字台，发现翻开的一页上写着这样的话："先在心里塑造一个完美的自我，再努力做得像这个自我一样完美。"我惊喜地把这话念给你爸爸听。他听后激动地说："写得真好！谁写的？仿佛就是专门写来赠给咱孩子的。"

孩子，明白自己有权享有第五种自由是一件很重要的事。明白了这一点，你就不会在阴郁的日子里放弃对光明的憧憬，你就不会拿着放大镜去查看自己身上的伤口，然后流下自怜自惜的泪水。煎骨熬血的时光是难挨的，但那好比排版工人排出的字版，它是反的，初读时你可能看不出它的真正意义，但当它印到纸上的时候，你会喜出望外地发现，那上面竟都是写给你的深深祝福！孩子，任何时候，任何情形之下，你都不要懊丧、不要畏缩，你要拼出生命中的全部气力紧紧抓住第五种自由，不管世界应允给你什么，你都不要答应拿这第五种自由去换取。

孩子，还有一点是必须要和你讲清楚的，那就是你应该尊重他人的第五种自由。如果你身处一个萎靡怠惰、平庸不堪的群体当中，你的第五种自由似乎很容易得到彰显，你稍一用力就成了可供大家仰望的风景；但是，妈妈要虔心祈祷你不要生活在这样一个群体中！你应该为周围有一些比你优秀的人而感到无比幸运，正是这些人一点点帮你榨取着智慧的浆果,他们用更高的飞翔指示你蓝天的所在,带动你展翅的梦想。只有更多的人懂得享有第五种自由,你人生的品质才能得到提升,你沉睡着的才能才会被吵醒。

第五种自由也不仅仅是人类的特权。不管那个“成为最佳”的美丽梦幻被谁兑成美丽现实,你都应该真心颂扬、真心膜拜。在黄山的始信峰前,你曾不解地指着一群老态龙钟的外国老人说:“妈妈,他们都这么大年纪了,怎么还跑这么远的路来爬黄山?”我说:“不来,他们怎么会‘始信黄山天下奇’?”学会与优秀的山川对话,是你人生的一门必修功课。懂得在美好的事物面前驻足,不拒绝远方美景的召唤,让脚修炼出一种热切地把你往胜境带的功夫——孩子,你将会成为一个多么幸福的人!

第五种自由不是别人对你的恩赐,它是上帝在你来到人间发出第一声响亮的啼哭之后,颁发给你的特别护照,揣着它上路吧,眼睛礼赞着他人创造的最佳,心中呼唤着自己成为最佳,让那朵努力开放的花儿与你做伴,让那只不懈鸣啭的画眉与你同行,孩子前行!

执虚如盈

每当听到学生们背诵《弟子规》中“执虚器,如执盈”的时候,我都会不由自主地放慢了脚步。

好喜欢这两个短句！一遍遍在心里默念它，被提醒的顿悟与被寄望的欣悦暖暖地包围了我。

从字面上来看，它很好理解——就算你手里拿着的器物里空无一物，你也要当做它盛满了东西一样，小心翼翼地捧着，不要生出半点轻慢不恭。

我试图让自己潜入这两个短句的深层，轻轻叩问一下作者：先生究竟出于怎样的考虑，号召人们视“虚”为“盈”呢？难道说仅仅是为了爱惜器物、不使其堕地吗？

当然不是！

先生应该是十分看重那颗“恭肃的心”的。即使是捧着一只粗瓷的空碗，也当做那里面盛满了佳肴美馔，不因“空”而生狎昵，恭肃的心惴惴地悬了，让“盈”在这一刻成为“虚”的别解。

我得承认，我是慢慢喜欢上那种“执虚如盈”的庄肃感的。在这个美好的提示面前，我郑重地将自己所打发走的日子归了类，分为“执盈如虚”、“执虚如虚”、“执虚如盈”三个阶段。

在“执盈如虚”的岁月里，我何曾知道自己正“执盈如虚”？生活将那么多盛满了琼浆的精美器物送到我手中，我却没想到它们都是需要我怀着一颗恭敬的心去珍爱的。这颗心，与其说是粗疏的，不如说是贪婪的，它惯于挑剔，惯于骄横，惯于在一朵花前遥想另一朵花。

后来，生活或是恼了？竟粗暴地略去了“洽谈”的程序，劈手从我怀里掠走了一些，又掠走了一些。我不能呼告、不能悲鸣，只能默默注视着自己越来越空虚的怀抱，惊恐莫名。于是，赞歌喑哑，腹诽茁长。一双“执虚如虚”的手，注定逃不掉被荒漠吞噬的命运。

感谢那个飘着海腥味的夏天，它使我幸福地读懂了“盈虚”的内涵。在那条仿佛被世界遗弃了的夜航船上，我站在甲板上看下弦月，一位写诗的大姐静静地站在我身旁。我叹口气说：“月缺的日子，总是多于月圆的日子——多像生活！”大姐却说：“换个角度想想，每一天的月亮其实都是圆的——你用光明的想象补充上那暗影部分就成了。”我把这种说法进驻我的心的那一天看成节日，因为就是从那一天开始，我渐渐修炼了一项将一弯金钩看成一轮玉盘的本领。

那一年在大昭寺，顺着导游的手指看去，我看到了那么多塞在“牙柱”缝隙里的牙齿。导游告诉我们说，这些牙齿都是朝圣者的，他们不幸死在了朝圣途中，同行者便敲掉他们的牙齿，带到了这令他们神往一生的圣地。浩叹四起。我知道这些浩叹背后不乏鄙夷的同情，但是，我却忍不住朝那些牙齿深深鞠躬。我想那毅然踏上朝圣之路的人，大概都曾逆料过这样一个途中抛尸的结局，可这却没有成为他们逃遁的理由。甘心的生命，甘心的灵魂，将空虚的朝圣之旅装扮得一路花开。

恭肃的心，充盈了器物；颖慧的心，充盈了月亮；虔敬的心，充盈了天地。说到底，真正空虚、空洞的，既不是器物也不是生活，而是我们昏花的眼与蒙昧的心。

“执虚器，如执盈”，是一种态度，更是一种境界。

心中的清凉

一条渡船，上面载满了急切到对岸去的人。船夫撑起了竹篙，船就要离岸。这时候，有个佩刀的武夫对着船家大喊："停船！我要过河！"船上的客人都说："船已开行，不可回头。"船夫不愿拂逆众人的心，遂好生劝慰武夫道："且耐心等下一趟吧。"但船上有个出家的师父却说："船离岸还不远，为他行个方便，回头载他吧。"船夫看说情的是一位出家人，便掉转船头去载那位武夫。武夫上得船来，看身边端坐着一位出家的师父，顺手拿起鞭子抽了他一下，骂道："和尚，快起来，给我让座！"师父的头被抽得淌下血来。师父揩着那血水，却不与他分辩，默默起身，将座位让与了他。满船的人见此情景，煞是惊诧。大家窃窃议论，说这位禅师好心让船夫回头载他，实不该遭此鞭打。武夫闻听此言，知道自己错打了人，却不肯认错。待到船靠了岸，师父一言不发，到水边洗净血污。武夫看到师父如此安详的神态举止，愧怍顿由心生。他急忙上前跪在水边，忏悔地说："师父，对不起！"师父应答道："不要紧，外出人的心情总不太好。"

讲故事的人是这样评价的：禅师如此的涵养，来自视"众生皆苦"的慈悲之心。在禅师看来，武夫心里比自己苦多了。不要说座位，只想把心中的清凉也一并给了他。

我坐在这个故事的边缘长久发呆。我轻抚着自己的心，悄然自问：这里面，究竟有几多的"清凉"？

和那位拥有着"沉静的力量"的师父比起来，我是近乎饶舌的。

现实的鞭子还没有抽打到我的身上，我已经开始喋喋地倾诉幽怨了。我不懂得有一种隐忍其实是蕴蓄力量，我不懂得有一种静默其实是惊天的告白。我的心，有太多远离清凉的时刻。面对误解，面对辜负，面对欺瞒，面对伤害，我的心燃起痛苦仇怨的火焰，烧灼着那令我无比憎恶的丑恶，也烧灼着我自己颤抖不已的生命。我曾天真地以为，这样的烧灼过后，我的眼睛将迎来一片悦目的青葱。但是，我错了。我看到火舌舔舐过的丑恶又变本加厉地朝我反扑，我也看到了自己“过火”的生命伤痕累累，不堪其苦。总能感到有一道无形的鞭影在我的头顶罗织罪名，总是先于伤口体会到头破血流时的无限痛楚。我漂泊的船何时靠岸？洗净我满头血污的河流又在何方？

当我和这位禅师在一本书里相遇，曾忍不住抚着纸页痴痴地对他讲：因为怜恤，你不允那人独自滞留岸上；遭遇毒打时，你因窥见了那人焚烧着自我生命的满腔怒火而万分焦灼；当那人跪下向你忏悔，你原谅了他，还真心地为他解脱。你的心中，究竟储存着多少清凉？面对你丰富的拥有与无私的施与，我一颗寒酸寒苦的心，感动得轻颤起来。

几年前在一个寺院，一位师父告诉我说：“一照镜子，你就读到了一个字。”愚钝的我傻傻地问道：“那是个什么字呢？”师父在自己的双眉上画了一横，又在两眼上各画了一下，然后在鼻子上打了一个十字，末了又指指自己的嘴，问：“猜着了吗？”我懵懵懂懂地说：“没……有。”师父说：“哦，猜不着才好。猜不着，你有福了。”说完，径自去了。我急煎煎地问同行的伙伴：“到底是个什么字啊？”伙伴说：“是个‘苦’字哦。”

却原来，我们带着一个“苦”字来到尘世间。你是苦的，我是苦的，众生皆是苦的。

惊悸的心，枯涩的心，猜疑的心，怨怼的心，愤怒的心，仇恨的心，残忍的心，暴虐的心……这些心，全都淤塞着太多的苦。被苦主宰着的心远离春天，远离自由。当我们宣泄内心的苦时，这苦最先蜇伤的，往往是我们自己。就像那个高举鞭子的武夫，鞭子未及落下，自己的灵魂已皮开肉绽。说到底，无非就是这样一个道理——虐人亦即自虐，爱人亦即自爱。

让我们在每一面镜子前驻足，认清自己脸上刻着的那个清晰的字；让我们深深怜惜那些被这个字穷追不舍的可怜的人；让更多的人一抬手，就能轻易扪到自己心中无尽的清凉。

于尘埃中凝视出花朵

有个朋友，帅而颓废，一副铁了心为痛苦做情人的样子。他常挂在嘴边的一句话就是：“在痛苦的苏格拉底和快乐的猪之间，我永远选择前者。”我逗他：“设法做快乐的苏格拉底不行吗？”他认真地说：“尘世间绝对没有这样的人生角色。要么做痛苦的苏格拉底，要么做快乐的猪。你见过痛苦的猪吗？没有吧？你也就别指望见到快乐的苏格拉底。”他是个悲观主义者，对消极的东西似乎情有独钟。他告诉我说：“凡消极的东西，都是消耗了生命用血泪酿出来的。"他读渡边淳一，欣赏他笔下绚烂的爱情中透出的死亡味道。我说："你看得太透啦，这不好！"他说："看得透没错，却难说好与不好。我没有在悲观中虐待生命，也没有在消极中敷衍生活，我只是看穿了一切事物的'过程性'特点。我的可贵之处在于，在被必然的终点提前劫持了灵魂的同时，还能够在途中哼着忧郁的调子赶路，不鄙视爱情，不诅咒人生。"但他遭霜打的时刻比常人多得多。有个研究精神卫生的朋友问他："要不要服些'百忧解'？"他却苦笑着反唇相讥："有'百乐解'吗？"莫非他把快乐解读成了一种浅薄甚或耻辱？多少次我这样问自己。我得坦白，我曾经有过拯救他的冲动，思忖着送他一件怎样的礼物才可以让他活得振作些。他是圈子里公认的大才子，我企图从这个大才子身上为世界多榨取些光亮。但是，我很快就发现自己的幼稚可笑，因他是个拒绝援救的"自我绑架者"，他深深爱上了那种被绑架的感觉。

还有一个人，称得上是我的精神导师吧。我在读不懂他的文字的年龄邂逅了他的文字，想来，真为那文字遗憾，也为自己遗憾。后来，我在现实的鞭影中长大，眼里一回回揉进了屈辱的沙子。红肿着眼睛，再读当年那些凝重的文字，竟读得心悸不已。当我站在讲台上，给少男少女们讲他那篇说尽生命的凄凉也说尽生命的柔韧的文章时，我不惜用泪水去拦截他们可能会犯下的我当年所犯的错误。"你们要背诵！"我近乎武断地说，"你们必须喜欢上这些句子：'我把轮椅开进去，把椅背放倒，坐着或是躺着，看书或者想事，撅一杈树枝左右拍打，驱赶那些和我一样不明白为什么要来这世上的小昆虫……'不要说书上没有要求背诵，是我要求你们背诵的，或者说是我求你们背诵的。等生活教训了你们，你们就会明白我今天为什么这么求你们啦!”我怕当这些孩子不再是孩子的时候,他们不会像我这般幸运地迎来改写昨日遗憾的机缘。因而,我宁愿先将某种精神的疫苗提前注射到孩子的体内,以期他们能够获得一种可贵的免疫。这些年我一直在暗处打量着那个人,我注意到他对盲童们说的一番话:“你们想看而不能看,我呢,想走却不能走。那么健全的人呢,他们想飞但不能飞——这是一个比喻,就是说健全人也有局限,这些局限也送给他们困苦和磨难。很难说,健全人就一定比我们活得容易,因为痛苦和痛苦是不能比出大小来的,就像幸福和幸福也比不出大小来一样……生命就是这样一个过程,一个不断超越自身局限的过程。”这个人,就是史铁生。一个被命运绑架到轮椅上的生命,通过一次次澡雪精神,实现了自我救赎,以飞翔的姿态弃绝了那辆悲怆的轮椅。

其实,在痛苦与快乐之间,存在着广袤的难以用“苏格拉底”和“猪”去衡量的“灰色地带”。生活给了你一把剪刀,剪断快乐还是剪断痛苦,剪断多少快乐多少痛苦,全看你手上的功夫。

我那个做定了“痛苦的情人”的朋友,在每一朵花里看出了尘埃,而尘埃也确乎是每朵花的必然归宿。问题是,这种大智大恸的“悲凉预支”究竟能给在花朵前伫立的人带来几多有价值的生命体验呢?如果世间发明了一种透视眼镜,能让你轻易观瞧到衣服里面的胴体甚至血管里奔流的血液,你会戴它吗?真相,有时是用来面对的,有时是用来超越的。史铁生曾感喟:“世上的很多事是不堪说的……”我喜欢读也喜欢讲他那些微凉微温的文字,我以为这些文字的魅力在于,于尘埃中凝视出花朵。恼人的尘埃,一刻不停地殷勤覆盖着生命。每个在世间行走的人都背着一个越来越沉重的行囊，行囊里装着的是越积越多的死去的日子。行囊压倒你的一幕就在未来某个时刻里妥帖地藏着。在它当真压倒你之前，你所有逼真的预习演练都无异于一种自虐或自戕。上帝均摊给每人一杯痛苦，但心的容器却有能耐把它扩充成一桶痛苦或减缩成半杯痛苦。只是我说不清楚，这两种人究竟谁离苏格拉底更近些。

跟着史蒂夫玩游戏

史蒂夫是英国剑桥教育培训集团的一位资深培训师。

史蒂夫为了给我们这些教育管理人员深入浅出地阐明一些道理，带我们玩了三个游戏。

第一个游戏　组合彩虹

史蒂夫说，这是一个需要八个人一起玩的游戏，请有意参加者举手。

八个被选出的人站到了台前，史蒂夫又让大家从中推选出了一个观察者。然后，他把观察者叫到一边，对她耳语了一番。

游戏开始了。七个人每人拿到了一张小纸片，史蒂夫要求每人都要在这张纸片上写出自己最喜欢的一种颜色。写好后，他让大家按照“红橙黄绿青蓝紫”的顺序一字排开。

这下乱了，有人开始拿着纸片转圈。

“蓝色”主动出列，他吆喝着大家按照从左到右的顺序排好队，又逐个检查了一遍大家手里的纸片，然后通报说：“黄色”与“青色”空缺，而“红色”有两个人，还有一个人写了“粉色”。

史蒂夫说：这可不行，你们必须写出规定的那七种颜色才能组成彩虹啊——想想办法吧。

其中一个写“红色”的人说：反正我得坚持真理，我就是喜欢红色，从小就是。

另一个“红色”急得脸都红了，说：我喜欢红色也不假呀！

“橙色”站出来打圆场，他对两位争着喜欢“红色”的女士说：都是红旗下长大的孩子，没有人不爱这种色彩，可咱这不是玩吗！放弃一下有啥大不了的？要不这么着，我把我的“橙色”匀给你们谁，我改要那个“黄色”！

就这样，“红橙黄”算是搞定了。

那个捏着“粉色”的先生被“蓝色”的眼睛盯得有些不自在，主动说：那我就换成“青色”好了——哪能都满足“第一志愿”啊！

至此，“蓝色”高声宣告：彩虹组合成功！

这时候，观察者走上前来说，按照史蒂夫的要求，我要向你们反馈如下信息：(一) 排队用时——五分钟。效率较高。(二) 谁是控制者——“蓝色”。(三) 谁是执行者——“绿色”、“紫色”，当然，还有“青色”。(四) 谁是支持者——“橙色”。(五) 谁是挑战者——两个“红色”。(六) 发现的问题——两个“红色”在写之前曾商量过，然后写成了一样的答案。汇报完毕。

史蒂夫总结说，通过这个游戏我们应该认识到——要建设一个好的团队，首先要有一个清晰明确的目标；然后，就是要有一个好的控制者，还要有一些好的执行者；但只有控制者和执行者是不够的，还要有热心的支持者，这样的人最富有热情和牺牲精神；另外，不要指望一个团队里没有一点负面行为，挑战者是无处不在的，要设法把挑战者的负面行为带来的影响降到最低；这些都齐备了，还要努力去追求效率。这几点都很重要，但还有两点更重要的：一是要保证"人人都有贡献"，一个人能力再大，也不可能包揽"红橙黄绿青蓝紫"七种色彩；还有，你们作为一个团队的负责人，应该看到"放弃"的价值，为了实现一个宏大的目标，有时候"放弃"要比"坚持"更为重要。

第二个游戏　画几何图

史蒂夫让我们自由结成了六个小组，每组两个人。

他让我们每个小组的两个人背靠背坐好，给其中的一个人发了一张白纸和一支笔，另一个人发了一张折叠着的纸。他说：我下令之后，请把那张折叠着的纸打开，然后开始向你的合作伙伴描述那上面有着怎样的几何图形，另一个人则要尽可能地按照伙伴的描述准确地画出那个图形——听清楚了？开始！

我的角色是"描述者"。我打开那张折叠着的纸，发现上面是一堆互相套叠着的圆形、矩形、三角形。我按照从外到内的顺序描述给我的伙伴听，可她似乎怎么也建立不起一个清晰的空间概念。她不停地询问，我不停地变换着描述的角度。别的组的情况似乎也强不到哪里去，整个教室顿时陷入一片焦急的解说和烦躁的询问当中。

时间到了。

我们被要求将两张纸一同摊到桌面上。结果,大家全都无奈地笑了。史蒂夫巡视了一遍,最后,他举着我们那一组的作品向大家展示。大家笑翻了,一致认为是“猴吃麻花——满拧”。

史蒂夫让我的伙伴说说怎么会异想天开地把图形画成这么一个样子。她眉头紧锁地说:两个原因吧,一是太吵太乱,二是她说得不太清楚。

史蒂夫微笑着点头。他让我们重新背靠背坐好,互换角色,开始新一轮游戏。

上帝,这次的图形更复杂!我试图努力按照伙伴的描述去画,但却无论如何都想象不出那些大三角、小三角跟矩形与圆形究竟是个怎样的关系。很快,我们陷入了上一轮的无序状态……

作品又被摊到了桌子上。这一回,我们谁都没有指责谁,似乎彼此扯平了。大家平静地笑着,等待着史蒂夫的点评。

史蒂夫说:通过这个游戏,我们可以悟出许多道理。作为一个管理者,我们和人谈话的机会很多,而充当一个积极的倾听者是对一个管理者最基本的素质要求;另外,和人谈话不能只靠声音,这样会影响谈话效果,要用上眼神以及必要的肢体语言;谈话时要努力寻求那些真实的而不是虚假的、清晰的而不是模糊的信息;谈话要用鼓励的语调,而不能是命令式的;不要太大声,太大声会给对方带来过重的心理负担。此外,从这个游戏中你们是不是还想到了“换位思考”的重要性呢?在第一轮游戏结束的时候,你们可能觉得最终那个不尽如人意的结果更大程度上取决于对方扮演的角色,但是，当你们结束了第二轮游戏的时候，你们已经不再抱有这样的错误想法了——我说得没有错吧？

第三个游戏 摆扑克牌

史蒂夫把我们分成三组，每组四个人，发一副扑克牌。

照例地，他先讲游戏规则。他说：现在请先把“大王”、“小王”剔出去，开始洗牌，待会儿我给每组发一张纸，请你们分别按照上面“黑、红、花、片”的数字顺序摆好手中的那副扑克牌，完成之后举手报告——听清楚了？开始吧！

我开始暗暗叫苦。显然，我们组把牌洗得太“干净”了！早知如此，草草洗洗，多便于分拣啊！

我们开始按照那纸上的要求，先摆“红桃”，13 张牌，摆放顺序根本无章可循。其余的三个花色也是一样乱。终于摆放好了，却落个倒数第一。

好在还有第二轮。

第二轮比赛开始之前，史蒂夫先让夺得第一名的小组介绍经验。他们说：我们先把四种花色的牌粗分到四个人手里，然后各负其责，摆好自己的那部分，最后组合起来，就成了。

接下来，史蒂夫又让我们说说教训，我们说：我们缺少了“粗分”的环节，结果打了乱仗。

史蒂夫满意地冲着我们微笑，宣布第二轮比赛开始。

照样是先洗牌。这下各组都学精了，都慢吞吞地洗，有个组甚至开始做小动作——把同一花色的牌往一起插放。

史蒂夫狡黠地一笑，说：现在请交换一下你们手中的牌。

大家一听，迅猛地洗起牌来。

这次我们不但借鉴了别人成功的经验，而且又有了创新，我们在粗分阶段指定一个人来发牌，另三个人摆好了之后一起来帮发牌的人摆。这下大大提高了效率，我们夺得了第一。

照样是总结经验、教训，然后开始最后一轮比赛。

这一轮的第一名依然是我们小组。

史蒂夫真诚地向我们祝贺，并声称要给我们小组发奖。我们激动万分地领到了今生不可能再得到的独特奖品：三张“大王”和三张“小王”的纸牌。

史蒂夫一边随手洗着桌上的纸牌，一边对我们说：你们看到了吧？合作的力量是多么巨大！协调的配合永远是成功的最大秘诀；另外，不断地总结经验教训也不容忽视啊，你们中国有句话叫“他山之石，可以攻玉”，说得多好；还有一点你们要记住，只有模仿和因循是不可能走得更远的，一定要注重创新；此外，不平等的竞争不应该成为我们的追求，小聪明其实是大糊涂；最后一点，我想告诉你们，及时的奖励所带给人的快乐和激发出的干劲是无穷的，不要太在乎你的奖品是否拿得出手，只要你是真诚的，对方将乐于接受并珍存。

当我从史蒂夫的课堂回到自己的工作岗位，我发现，那些快乐的游戏所带给我的思考和教给我的本领，超过我在所有的管理书本上学到的知识与技能。

同时我也在想，我该如何学着史蒂夫的样子点评一下史蒂夫的培训方式呢？首先，他精心地将自己的课堂设计成了“寓言”式的课堂，而寓言所给予人的无不是快乐的智慧；其次，他不允许任何人仅仅做一个被动的听众，他要让大家在参与的过程中获得刻骨铭心的体验与感受；第三，他不把结论强加给你，而是让你在开心一笑中恍然悟透某个道理；第四，他不动声色地捕捉到我们身上文化或人性的弱点，然后善意地帮助我们透视这些弱点，进而引导我们摒弃它……

暗许

一个寻常的秋夜，先生却有不寻常的好兴致。他抱起手提电脑躲进了书房，声称要写一首抒情长诗。我慌忙沏了香茶，捧给我的诗人。

很快，我就被枕边一本无聊的书哄进了无聊的梦乡。恍惚中，听得先生唤我。一百个不情愿地揽衣推枕，听任他将我拉到他的工作室，看他完稿的诗。

他高声朗读，迫着我喝彩。我敷衍塞责地听着，附和着他的自吹自擂。后来，我听到了这样一个清新无比的句子："走过新浴的草丛，滚落的水珠溅起绿色的雷霆……"我一下子就被震醒了。我说："翻页，往前翻页！我要重新看一遍。"

那果然是一首好诗。我贪婪地赏读着，突然间就明白了这么多年来先生痴恋诗歌而不屑经营其他文体的缘由。诗歌，是语言的黄金。诗歌给予人心的巨大审美快感是其他文体所难以企及的。

问他打算把这么好看的“姑娘”许配给哪家，他说要给 H 杂志。我说：“别给 H 杂志社了，太可惜。一本省级纯文学刊物充其量也就几千个读者，不如给了 S 诗刊吧，绝对没有问题的！”先生听了我的话，很认真地说：“不行。我必须给 H 杂志，因为，我已经在心里暗许它了。不瞒你说，我一边写，一边揣想着 H 杂志刊登了它的情形，每一个细胞都为那个时刻欢跃过，我怎么能让这些细胞空欢喜一场，把内心暗许的事颠覆了，欺辱自己的感觉呢？”

暗许——他居然用了这么个词。

这是个远离我的词，或者说，我早就学会了对它的拒斥。在我看来，她有些老土了。仿佛一个旧时的女子，在心中装着一个心仪的男人，把一些只在生命深处开放的花朵朝向了他，隐秘地对他传达芬芳的眷念。这样的暗许，往往伴随着幽怨，一个人的眉头与心头紧锁了惆怅与寂寥、愁苦与怨怼，在一个一开始就注定了的无言的结局中一点点枯黄了心头的青色。“终日怕君辜负我，奈何今日已负君”，说这话的女子被一个暗许踏碎，断魂的香缭绕着断肠的梦，什么样的手，能够搭救起那一滴坠落于无边汪洋中的血色相思？

我在异国，相中了一方披肩。掏钱的时候，我相信我看见了万里之遥的妹妹披上它时的俏丽模样。但披肩一到手，我的肩背就开始殷勤地邀约它。于是，我劫持了自己的心意，背叛了自己的应允。我跟自己说，我那瞬间将披肩许诺给妹妹的念头或许也可以叫做“暗许”吧？但这样的想法一冒出来，心就被愧怍弄疼了。一个不成型的美意，很快被多欲而又好奇的手团捏烂了，算得上什么暗许呢？心，不是没有预设过方向，但是，风吹得它放弃了坚守。

记起一个凄美的暗许的故事。春秋时名公子吴季札受吴王之命出使北方上国，路经徐国，便去拜会徐国国君。徐君隆重接待远道而来的吴国使者。在会见过程中，徐君见季札所佩的青铜宝剑煞是威武，请求季札解下来鉴赏。宝剑出鞘后寒光闪闪，锋利无比，惹得徐君艳羡异常。聪明的季札看出了徐君的心思，但因考虑到还要继续北上去出使上国，当时列国间战事连绵，手中之剑还须用以防身，故尔便不曾将这把宝剑赠予徐君。待到访问了北方上国，在萧瑟的秋风中再经徐国，徐君已撒手人寰。季札悲恸已极，便带了侍官到徐君墓冢去凭吊。祭扫完毕，季札随手解下佩剑，悬挂在墓前的松树上。侍官不解地问：徐君已死，大人把这么贵重的宝剑送给谁呢？季札坦然答道：从会见徐君时起，我已暗许将此宝剑相赠，怎可因徐君辞世而背离我的初衷呢！吴季札以“挂剑冢树”的方式，兑现了心头那份沉甸甸的暗许。

行善的理由

单位号召大家为灾区捐款，同事老陈捐了200元，工作人员便按照规定将他的名字和捐款数额记录下来。老陈问：“你们记这个干吗？是不是还要公布啊？”对方回答道：“是。”老陈于是说：“那就请再退给我100元吧，我只能捐100元。”工作人员不解地说：“公布出来是为了让您觉得光彩啊！您怎么反倒少捐了呢？”老陈说：“越是公布我就越得少捐啊！你看，我们主任才捐100元，我捐200元，这不是不懂事吗？我拿那多捐的100元买主任的冷脸子、白眼子，多不划算啊!”

我认识一位学者，他抛出过这样一种著名论调：“我比谁都想捐款！但是，在我没有搞清楚两个问题之前，我不能贸然捐款。第一个问题是：谁能保证我的善款在送达使用者手中之前不会被‘抽条’？第二个问题是：谁能保证使用我的善款的人真的配用我的善款？在这两个问题得不到让我满意的答复之前，我要求保留不捐款的权利。”

有一个公众人物，突然宣布将自己的几千万存款全部捐献给“希望工程”。人们在惊讶之余，也发出了各种声音。最能代表大众倾向的一种声音便是：“这家伙一定做了亏心事！他的钱肯定不是正路上来的，他捐出这些钱绝对是在赎罪，在作秀，在哗众取宠!”

…………

有一万个理由可以让我们少捐款或不捐款。有一万个理由可以让我们对慷慨解囊者百般猜测，百般奚落。

然而，只有一个理由，让我们掏出了钱。

广州有一家企业，设立了大学生助学金。这个企业是慷慨的，每年拿出100万元资助那些寒门学子。但是，这种资助是有条件的，每一个受助者都要与企业签订《道义契约》，承诺在经济条件许可的情况下返还助学金，强令今日的“受助者”成为明日的“助困者”。结果是令人欣慰的，第一批受助学生毕业后，半个月间就有21人向企业返还了16 450元。

我将这个案例讲给几个朋友听，他们听后激烈地争论起来。

一方说：行善就是要有条件，无条件的行善很可能是养懒与纵恶。我们可以列举出一大串冷酷无情的受助人名单，他们连给资助人写一封感恩信都懒得去做，伤透了行善者的心！所以，当感恩没有成为一种习惯的时候，用“契约”来约束行为不失为一种好办法！

另一方却说：行善却要讲条件，这本身就是一种讽刺！受助者所得到的金钱是有数的，受助者所返还的金钱也必定是有数的，但是，慈善精神是难以量化的。当受助者被责令返还够一定数额的金钱，他一定会觉得他和资助方彻底清算了，他会以为他再也不欠别人什么。请问，我们还怎样期待他怀着一颗感恩之心去虔诚地传递那爱与善？

看到过这样一个统计数字：中国和美国人均收入相差 38 倍，而人均慈善捐款却相差 7 300 多倍。如果没有一个强大的理由阻止上述争论继续下去，那么，我们就将悲哀地看到那个庞大的数字变得更加庞大。

有个同事，拿着一张报纸给我看上面的摄影版面。

那是一组照片。拍摄的是北京一个叫“亮子”的人，为赣州贫困地区捐了一件从没有穿过的漂亮毛衣。这件毛衣被打了包，装上火车，运到赣州，分到一个姓赖的乡村教师手中。赖老师穿上它走进课堂，带劲儿地给学生们讲起“抛物线”。

同事说：“不知你怎么看这件事，反正我觉得这组照片不咋样。你想，这千里追踪爱心毛衣，成本得有多高啊！还不如把那高额成本拿出来，献一份爱心给赣州人民呢！”

我说：“我不这么认为，我十分喜爱这组照片！如果你同意的话，我愿意收藏你这张报纸。这组照片，首先是让亮子感到巨大的幸福，他知晓自己捐出的毛衣穿在了一个什么样的人身上，那来自乡村课堂上的温暖会让他倍感欣慰；其次，这组照片让赖老师感到了巨大的幸福，领受他人的爱心，并且让学生们知道这件漂亮毛衣的不寻常的来路，这会让赖老师的心在感动中蕴蓄起无限的力量；更重要的一点在于，这组照片，把千万件捐赠物品所走过的爱的历程打开了给人看，让每一个捐赠者和每一个受赠者都在这里面惊喜地发现了自己，也让那些还不曾行动起来的人找到了行动的理由。所以，我以为，这组照片所产生的效益，远远超过了它的成本……”

关于行善，特蕾莎修女给出过这样一个发人深省的定义：“说到底，那是你和上帝之间的事，而决不是你和他人之间的事。”

可悲的“抽条”

有个学生问我：“老师，什么叫‘抽条’？我查过好几本词典，才查出‘抽条’这个词，但词条解释中却不包含我看到的那句话中的那个义项。老师，这是怎么回事啊？”我问他是在怎样一个语言环境中见到的这个词，看看能否结合上下文推断一下它的含义。他说：“那句话说，许多城市供热存在‘抽条’的现象。”我说：“好像是说供热达不到规定的标准，‘抽条’是‘打折扣’的意思吧？这样吧，我上网查一下，然后再告诉你。”

我在“百度”搜索中键入“抽条”这个词，一下子显示出了 4 万多个检索结果。我仔细阅读那些例句，发现“抽条”大致有三个义项：(一)树木抽芽；(二)织物抽丝；(三)以降低标准之手段达到降低成本之目的。第三个义项是从第二个义项引申而来的，所不同的是，“织物抽丝”是一个织物加工的过程，而“以降低标准之手段达到降低成本之目的”则与织物加工毫无关联，而与“质量问题”关系甚密。

我把以上的解释告诉了那个同学，并对他说：随着社会的发展，人们会造出许多新词，同时也会赋予旧词一些新义，“抽条”就属于后者；因为新词或新义产生的速度快于辞书更新的速度，辞书的编纂者们来不及把它编进词典，所以你就不可能在词典中查到它的义项。

这件事就这样了结。

但是，在以后的日子里，我发现我简直天天都会在心里复习“抽条”这个词，不是因为我对它情有独钟，实在是因为在我们的生活中它存在的广度、深度和密度。

我出行驶上一条高速公路，路面坑坑洼洼，车走在上面像在波峰浪谷中颠簸。知情者告诉我，这条路刚刚投入使用一年，去年的这个时候，好多报纸都刊登文章，夸赞这条路比预定时间早完工21天，夸赞施工人员“地球转一天，我转一天半”的感人事迹。

我参加了一个电脑培训班，课程设置摆在那里，培训方却偏偏不按照写的去做，有些重要内容索性压根儿就没涉及。我们气愤已极，相约去跟老总理论，要求退回一部分学费，但老总以“反正是公家给你们出钱”为由，拒绝退款。

去购物，遭遇“分量抽条”；去旅游，遭遇“景点抽条”；买件衣服，所钉纽扣均被“抽条”；买份快餐，洗菜环节明显被“抽条”。随之而来的是，我们的生活质量被“抽条”，我们的人生价值被“抽条”，我们的快乐感被“抽条”，我们的美满度被“抽条”……

我们就是这样被“抽条”层层包围着！

我们怎能不生发出“人生何处不抽条”的感慨！

汪中求说：“中国人的智慧并不差，问题是我们非常不严谨，每个人都搞小聪明，每个人都去改规则。如果每个人对自己的岗位负责任，就不需要考虑别人对不对。如果每个人都这么死板，这个社会发展会很快。”

真的，我们怎么就没有学会“死板”地做事呢？

看看那些“死板”地做事的人究竟是怎么做的吧——在“麦当劳”，仅仅是烤一个牛肉饼的工序有二十多页的文字表述，操作者必须严格按照书上所写的去做，决不能“抽条”；在英国 POLO 皮具公司，皮包缝制有一个硬性规定——“一英寸之内必须缝满八针”，决不能“抽条”；在日本，每条河豚的加工去毒需要经过三十多道工序，决不能“抽条”……

我不知道第一个巧妙地借用“抽条”这个词语的人是谁，我佩服他用这样一种生动的表达说尽了要着小聪明、小伎俩、小把戏搬起石头砸自己脚玩的国人的丑陋行径；但是，如果让我转换一个角度来审视“抽条”这个词，我想我会说：我宁愿汉语中没有这个词！我宁愿我的学生不向我请教这个词！我宁愿我在搜索引擎中查不到这个词！

可悲的“抽条”，抽坍了大厦，抽垮了桥梁，抽黄了企业，抽凉了人心。谁愿意和我一起向“抽条”宣战？谁愿意和我共同期待，期待着我们的后人能够说：“抽条”一词，现已废止……

你掉了一样东西

这是一件真事，可听起来简直像个笑话。有一个女人，穿着不方便的长裙，在月台上追赶一张在风中飞跑的纸。热心的人们看见她万分焦灼的样子，便纷纷加入了援助追纸的队伍。可那张纸仿佛要存心逗弄大家，飞起又落下，落下又飞起，像附了魂一样。越是这样，人们追上它的决心也就越大。大家认定那是一张太重要的纸，捉不住它，那女人定会无比伤心失望的。终于，在众人的共同努力下，那张纸乖乖就范了。那个幸运地捕住了纸的人，得意地将战利品朝女人递过去。女人优雅地向大家道谢，然后，拈着那张纸，在众目睽睽之下走到垃圾筒前，将它塞了进去。回过身，她微笑着对大家说：好了，现在这一片垃圾，终于去到它应该去的地方。

你可能会问，这件事发生在哪里？别急，请先回答我一个问题，这件事不会发生在哪里？我想，这个问题，你我都一定具备足够的资格回答。

我认识一位官员，他说，他在澳大利亚办了一件特“栽面”的事。一天，他们参观团的汽车在野外飞驰，他吃了一个香蕉，随手就将香蕉皮投出窗外——反正车上也没外人，连翻译都是同胞。但是，他忽略了一个问题，那就是，司机是地道的澳大利亚人！“吱——”一个紧急刹车，司机一声不响地跳下车去，快速往回跑，拣回那个香蕉皮，然后又一声不响地上车，开动。一车中国人面面相觑。翻译耸耸肩说，别在意，他拣这玩意儿跟你扔这玩意儿一样自然！我的那位官员朋友说，唉，瞧我这嘴巴子挨的哟！

我的学校里曾经有一位气质非凡的女校长，当看见学生随手将垃圾丢在地上时，她总是要追上那人，温和地提醒他：嗨，你掉了一样东西。有学生反应极其迟钝，居然对她感激地笑笑说：没有啊，校长！她便指着地上的东西给他瞧，那人于是面红耳赤地拾起垃圾，跑掉了。

“你掉了一样东西”，我喜欢反复揣摩这句话，挖掘潜隐在它下面的更深的含义。真的，你不妨再追问一句：在垃圾怦然落地的同时，还有什么东西也随之怦然落地？

这么“好玩”

第一次见到刘黎理老师，就被她的一个妙论深深吸引。她说：“教育是一件好玩的事。”我和在场的人听了都笑起来，刘老师却没有笑，她说：“好的教育就是一条魔幻隧道，孩子进去的时候是一个样子，出来的时候又是一个样子。孩子被这条隧道彻底改变。一进一出，孩子变得被人难以辨认，甚至连自己都辨认不出自己。教育让爬行的人生出翅膀，让低到尘埃的生命抬起高傲的头颅。教育使人拥有了伟大的第二次诞生，它能让无力者有力，让有力者前行。教育给好梦搭了一架万能的梯子，让庸常的手可以摘星揽月。这一种‘大变活人’的戏法，怎么能不好玩呢？”

我不由得想到在一次国际数学大会上，数学大师陈省身教授给广大少年数学爱好者的题词。他的题词只有四个字：“数学好玩”。我多次跟我畏惧数学的学生谈到过这个有趣的题词。在多数人看来，足球好玩，街舞好玩，网游好玩，而陈省身教授却说“数学好玩”。他没有欺骗世人，从阿基米得在屠刀下对罗马士兵怒斥“不要弄坏我的圆”，到被称做“美国的国家财富”的马丁·加德纳的“趣味数学狂欢节”，我们领会了数学带给人的无限乐趣。那在逻辑的推演中获得的一次次意外惊喜，是“好玩”向善思者抛掷的绣球。

有一段故事，是已故历史学家唐德刚教授讲的。他说，胡适先生曾经说《红楼梦》不是好小说，因为它没有主题。唐德刚问他：“《红楼梦》不是好小说你为什么还要研究它呢？”胡适先生回答了两个字：“好玩。”——又是“好玩”。是呢，除却“好玩”，我们又该如何确切地评价这部人间奇书呢？越剧《红楼梦》上演时，我还是一个县中的住宿生，我和同宿舍的兰子不惜违反校规，翻越学校高高的围墙去电影院陪着徐玉兰、王文娟流泪，顶着满天星斗，哼着越韵的“天上掉下个林妹妹”疯颠颠地往回走……每一个真正的中国人，都是从同一栋“红楼”中款款走出来的啊！我喜欢听红学家舒芜说：“中国何幸而有《红楼梦》，《红楼梦》何幸而有‘红学’！”我更喜欢听红学家蒋和森说：“中国可以没有万里长城，却不可以没有《红楼梦》。”

“好玩”，是一个能够达到俯瞰风景的高度的人说出的一句妙语。如果我们还没有达到某种高度，我们所体察到的多是“不好玩”。长期以来，我们多么喜欢标榜“苦”——苦读苦学，苦研苦干。仿佛离了“苦”就靠近了轻狎与怠惰，仿佛只有“苦”才可以约会到鲜花与掌声。其实，“趣”的含金量远高于“苦”。总有人问我：“工作那么忙，怎么还能坚持写作？”我想，如果是“苦”字当头，我早就搁笔了。我欣赏写作中的自己。我喜欢看那个“自己”欣然剥开心上厚厚的茧，在文字中粲然绽放生命；我喜欢看那个“自己”从光阴里撷来点滴绿意，兴致勃勃地编织春天。我从来不是在“忍受写作”，而是在“享受写作”。忍受某事，最终只能收获“及格”；享受某事，最终才可能收获“卓越”。

从“不好玩”到“好玩”，是一颗心的修行课业。掂量你手头的拥有，叩问自己，它究竟好不好玩？如果你的回答是肯定的，那么恭喜你，你一定可以走得更远！

爱的容器

发现自己的身体是一个爱的容器，这是一种奇妙的感觉。

给予我这样美好提醒的，是来自台湾的一位老太太。她认真地看着我，说：“你有能力启动别人柔软的心，因为你的身体恰如一个爱的容器。”在这诗一般的句子面前，我有一点惊惶失措，我不知道有着这么浓郁的抒情色彩的句子居然可以用聊天的口气缓缓送出。我惊喜地睁大了眼睛，像打量陌生人一样上上下下打量自己，打量我借居的这件非凡的爱的容器。

这件容器原是我善感的灵魂获赠的一样无可替代的礼物啊！我住在里面，住成神仙。

我是一个善于爱的人吗？好多次拿这个问题向自己索取答案，而每一次的答案都与先前的答案有着些微的差异。我往往不是用自己的心来应答自己的嘴的，而是临时借来一双自己正在意着的眼睛，用那双眼睛挑剔地审视我。

我看到有一双眼睛在对我说，你自然是世间最善于爱的人啊，你在每一个春天里悸动，看见美丽的花朵，就生出礼赞的热望；你与潭水深情对视，直到让眸子染上它的深绿。你的爱，生动着摇曳着、刷新着，不会蒙尘，不会霉变，你正拥有着世间高品质的爱哦。

而另一双眼睛则会说，你不是一个恒温的爱者。你爱得那样自我，那样率性。爱的时刻，“灵台无计逃神矢”，你恨不得把自己的生命都典当了。哲人说，爱是一种犯傻的能力。你犯傻的能力似乎格外高强。总以为这一回定然与先前的迥异，值得拼却一切的，但是什么却让你陡然扭转了脸？清泪中，爱，一羽一羽无可阻挡地凋零。你不明白，爱的半衰期何以来得这么迅疾！

那是谁的眼睛？正幽幽地说出这样的话语——到什么时候，你才能修炼来节省着使用自己的爱的本领？你最擅长的伎俩似乎就是将爱倾洒、倾倒、倾泻。你从来都不惧怕用完自己的爱吗？你把心剖成那么多片，遣它们成舟，让它们承载着你的哀伤、牵念、祈祷、祝福义无反顾地远航。岸上的你，再怎么收拾，也不可能收拾起一个完整的自己。

…………

究竟,我是不是一个善于爱的人呢?

我在诗心、爱心和操心中发现着我自己。一个兴致勃勃只想盛放爱的容器,在被误读、被辜负、被伤害的同时,也被理解、被欣赏、被珍惜。很喜欢自己快乐的模样,每次照相都愿意给镜头一个灿烂的笑脸;总渴盼着自己是个最善于撷取的人,秋天给了我一座萧瑟的森林,我却从一棵忘了季节的小树上邂逅了春天。谁有幸听到了我内心的欢呼?那赤子般的欢呼荡涤着我的整个生命,让我情愿一次又一次掏空了自己——为答谢一只鸟在天空中偶然滴落的一声啼鸣,为回报一朵花穿越漫漫寒冬赠予我的一句爱语。

我张开想象的翅膀,试着将这件容器改换形状——设若它是一个碗,那就欢悦地盛放天地的恩赐吧;设若它是一只觞,那就忘情地流溢岁月的琼浆吧!盛放着什么固然重要,但更重要的是感受着这幸运盛放的细腻的心。

爱的容器,得之于天,终将还之于天。借居的日子里,让我天天保持惊奇,让我受宠若惊地住在里面,住成神仙。

字如人美

我跟一位书法家学书法,看他为我示范写那个“女”字。他运笔自如,行云流水,信手而书的“女”字令人赏心悦目。为了给我讲清方块字的字形特点,他用毛笔尖将“女”字外围的五个点连成了一个规规整整的五边形。他为我讲圆融，讲方正，讲软软的毛笔如何与软软的宣纸“较劲”。他说：“在我眼里，汉字是有生命的。就说这个‘女’字，写它的时候，我总是想到自己最在意的女人——母亲、妻子、女儿，想她们在好山好水间盘坐的样子。想着想着，这个字就活了，想不写好它都没有办法啊！”

我由衷赞道：“您说得真好！”

他说：“其实，汉字本身就生得美，把它写难看，实在是一件不容易的事；但有人偏偏知难而进，挖空心思地把汉字往难看里写。他们以为这样省力，殊不知，有一种叫做‘违逆’的破坏往往需要动用更大的蛮劲！在我看来，把字写好，是一件容易的事，也是一件很赚的事。我常说，写一手好字，有‘三受用’。首先是字受用——让字待得舒服些，这很重要，你看这个‘女’字，若是写好了，多么顺眼，多么俏丽！它美美地坐在纸上，简约，但不简单。其次是写字的人受用——字写得好看，本身就是对写字人的一种最高奖赏。我曾经不吃、不喝、不睡连续写字 28 个小时，越写越爱写，越写越带劲，简直就是一种谈恋爱般的感觉。最后是看字的人受用——说出来你可能不信，我在自己痴迷的书法作品面前真的会醉，跟醉酒之后的醉差不多，飘然欲仙！第一回见到柳公权的书法真迹，我被准许用指头直接触摸字迹。你猜怎样？我一下子晕了头，手也发起抖来……写一手好字，对字、对己、对人都是一种莫大的安慰与鼓舞。扬雄说：‘书，心画也。’刘熙载甚至说：‘书，如也——如其学，如其才，如其志。’字是你灵魂的活画像。字如其人，字如其面，字如其心。你若自爱，又有什么理由不把你的脸面与心境收拾得美一些呢？”

我多么喜欢听我的老师说，把字写难看“实在是一件不容易的事”！因为我深信，仓颉造字时，定然严格遵循美学规律，把每一个汉字都造得那么讲究，那么美丽。追溯“美”字之源，我看见长着漂亮犄角的羊儿在溪前饮水；追溯“丽”字之源，我看见打了梅花戳记的鹿儿在山坡吃草……让我们的思想回到仓颉那里，体悟着他造字时的诗心、慧心与苦心，我们就自觉远离了丑陋的字迹。

独自练字的时候，我在心里一遍遍回味老师的话。他的“三受用”理论给了我太多的启发。慢慢地，我对傅山先生所言“作字如做人”有了进一步的体味。如果说写一手好字是“三受用”，那么，做一个好人又何尝不是“三受用”呢？鄙陋的心，最易感受寒意。爱抱怨的人，就有望收获一个值得抱怨的人生。“戴上紫手环，只要抱怨就换手。”这是来自威尔·鲍温的温馨提醒。这种跟自身“不完美”的暗自较劲，可能要伴随我们整整一生。降生尘世，每个人都被赋予了发展成那个“最美自我”的潜质，如果你善于在有缺陷的世界上刻意打造一颗无缺陷的心，见贤思齐，见善思齐，见智思齐，见美思齐，不容许自己的生命与灰败为伍，即便在周天寒彻的日子，也能在心壤上抽出一茎春芽，独自消受那点儿绿意，积极引领一个姗姗来迟的季节，我敢说，你已经是“自我受用、家庭受用、社会受用”的造物之杰作了。这样，你用来警醒自我的“紫手环”就可以永久地脱卸下来了。

生命，不是用来抱憾的，而是用来盛开与宴享的。我愿每个人都活得像我老师笔下的那个“女”字一样，端丽，优美，有风骨，有锐气，无瑕疵，不造作。

写一手美的字，做一个美的人——恭喜你，你赚啦！

原来是这么个“你给的”

一个早年教过的学生来学校看我，聊得忘了时间，直到接起一个催促电话，才恍然记起有个重要会议要参加。那个学生陪我下了楼，执意让我上他的车。我便上去了，随口夸了一句“好车啊”，不想他居然说：“嘿嘿，你给的！”我惶惑了，问：“你说什么？”他说：“我说，这车是你给的。”我哈哈大笑起来，说：“那我除非去抢银行！”他认真地说：“老师，我不是那个意思，我是说，因为你做我班主任的时候，不但教给了我知识，更教给了我做人的道理，我才能拥有今天美好的生活。所以呀，不光是这辆车，我今天所有值得一提的业绩和财富，都是你给的！”

哦，原来是这么个“你给的”！

在会场上，我坐在一个阴暗的角落里，心情却一直明媚得不得了。就觉得仿佛自己真的给了那个学生许多东西，觉得他的那一句“你给的”真是登时把我抬举成施恩人间、赐福万物的神祇。

我愿意回过头去郑重审视自己的来路，愿意学着我这个可爱弟子的样子，对那些慷慨地施恩于我的人深情地说一句“你给的”——父母给予我生命，爱人给予我爱情，孩子给予我快乐，所有这些，无疑都是值得深深铭记的。不过，我还要提醒自己：不要忘记对着那些最容易被忽略的对象感恩。

我写文章。出差的时候，常带着手提电脑——我不愿意让痴痴等我的某个专栏荒芜。有时候，会凭空生出掏空了自己的感觉，以为自己再也写不下去了。生活似乎永远在重复，感觉慢慢地钝了、锈了。我在心里跟自己说：这下，一定没有什么可写的东西了。但是，就在我想要放弃的时候，一个点轻轻触动了我，使我倏地活转过来——隐身鸟儿的鸣啭，莽撞蝴蝶的吻触，水中明丽的云朵，花中芳菲的故事……本以为，我路过这些情节的时候是可以不回眸的了，哪知道，它们一律结着神异的网，轻易便将我的心黏附了。

我想，如果我对一只飞鸟唐突地说“你给的”，它能听懂我这句话的深切含义吗？它会不会像先前的我那样惶惑地反问一句：“你说什么？”是的，世界给予我们那么多，却无意让我们对它的慷慨给予去感恩。有时我们多么愚蠢，一边接受着却一边抱怨生活的吝啬与乏味。其实，吝啬与乏味的，只能是我们一颗起了茧子的心。

“你给的。”这真是一句朴实得犹如一株作物一样的语言！说出这个句子的人，心空是晴朗的；品味这个句子的人，心域是辽阔的。当你借着这一株幸福的作物确切地想到了一张面孔、一个声音、一幕情景、一段往事，请轻声说出那三个字。说出了，你就播下了一粒神奇的种子，你就有望收获千万顷感恩的作物……

在这个冰冷的初夏

四川汶川发生特大地震后，作为一个唐山人，心情格外沉重。

旧伤与新痛，一同赶来胁迫挤压生命。

唐山大地震，我的爱人痛失慈母。每每忆及往事，多愁善感的他都未免泪眼婆娑。这次四川汶川发生大地震后，他第一时间就把电话打到了我单位，急煎煎地嚷道：“四川地震了知道吗？跟唐山32年前是一样的震级啊（当时报的震级为7.8级）！这下可惨啦！这下可惨啦！”

我那远在英国读书的儿子，这几天短信发得格外勤——“妈妈，我在网上看到汶川地震的消息啦！老天这是怎么啦？降这么大的灾！”“妈妈，我用信用卡给灾区捐了100英镑，我觉得太少，我多希望能拿出更多啊！和所有唐山人一样，我把这看成是报恩的机会。”“妈妈，你可要多留意我爸爸的情绪啊！他这些日子的心情一定是特别的糟糕。”

…………

丈夫的心情果真是“特别的糟糕”。每天不是守在电视机前掉眼泪，就是把自己关在书房里写诗。后来，我读到了他的诗作，诗中写道：

汶川
我该怎样接受
与你结下的这疼痛的灾难之缘
伤疤还在我身上
我在几千里之外的唐山
在你墙壁的裂缝中扭动着我的痛苦
在你坍塌的山体前堆积着我的焦灼
你的呻吟在我的喉咙里流淌

你的呼救牵扯住我紧张的惦念

我不知道该怎样安慰他，只知道每天下班回到家，把在网上看到的一些“好消息”讲给他听——救出了一个，又救出了一个。但是，他的心，一直羁绊在唐山的“7·28”和汶川的“5·12”上，久久不肯回来。

才知道往事从来都没有死去。一经触动，就穿越时空，直扑眼前，令悲怆无助的你躲闪不及。

如果要评选2008年度热词，我要含泪推荐“捐”。

不说那长串的捐款数字，不提那如山的捐赠物资，我想引领你看的，是最平凡不过的“捐”——

邻居的女孩在石家庄读大学。汶川大地震的第三天，她哭着打电话对妈妈说：“我把手里的整钱零钱全都捐了，又献了400毫升血。可是妈妈，我是唐山人啊！我觉得这远远不够，你们可要再替我捐一些啊！”

一个老年乞丐，在捐出了五元钱之后，又于次日到同一个募捐点捐出了一张百元大钞。工作人员诧异地问这个穿着百衲衣的老人，为什么分两次捐款。老人说，我手里的钱都是讨来的，又破又散，我只好去银行把它们换成了整票再捐。

在北京，献血的人排成了长龙。一个排在龙尾的男子听说下半夜都轮不到自己，当场和工作人员激动地“争吵”起来。

绵竹，余震频频袭来，学校的危楼摇摇欲坠。一边是孩子渐弱的哭声，一边是撤离危楼的死令。泪流满面的铁骨男儿轰然跪倒：

“求求你们，再让我救出一个孩子吧！”

废墟旁，哺乳期的年轻妈妈早抛弃了羞涩，毅然解开衣襟，为失去了母亲的婴孩捐出温热的乳汁。

在远离灾区的北国，一对热恋中的情人相约一周不接吻，用这独特的方式悄然分担灾民的苦痛。

一个高三学子，腕上系了一条祈求高考好运的红丝带，但当汶川的震波蔓延到他善感的心灵，他决然解掉了那条红丝带。他说：“如果可能，我情愿用考不上大学换取灾区人民的平安！”……

“捐”，汶川地震陡然扩大了这个词的内涵与外延。在这个让我们一次次泪湿衣衫的冰冷的初夏，我真真切切地触摸到这个汉字的温度——捐出金钱，捐出热血，捐出男儿膝下的黄金，捐出女儿被爱超越的羞赧，捐弃唇上燃烧的思慕，捐弃腕上焦灼的渴念……“捐”，在这场灾难中，她所赐予我们的大爱与伟力足以雄起100个汶川！

真的，如果评选2008年度热词，请你和我一起来含泪推荐“捐”。

有人说，汶川大地震，把中国人的“美”给震出来了。

你和我，都有资格为我们的同胞作证，我们确实习惯了把真实的情感藏得很深。我们不喜欢热辣辣的表白，不太注重外在的形式，有时还会讲几句冷飕飕的风凉话。但是，这次汶川大地震，逼着我们把心窝里的美剜了出来。

国家主席动情地俯下身子，亲吻一个刚刚逃离了魔掌的小生命；丈夫当众拉住临产妻子的手，把它深情地送到自己的唇边；“亲爱的宝贝，如果你能活下来，一定要记着我爱你!”这是母亲在最后的时刻打在手机上的留言；“亲爱的爸爸妈妈，原谅我不能再尽孝，可你们一定要知道，我是多么多么的爱你们啊”；一个巨大的国家为数万亡灵停滞三分钟、灰暗三昼夜，就让汽笛和喇叭替我们抒情吧，就让亿万人的素衣素色说出我们深切的哀痛与思念吧……哭泣时，我们不再难为情地扭转了脸，就那样一任泪水汪洋恣肆地流淌。不幸的人啊，你匆遽的离去，让我感到了莫大的孤独！在我还没有来得及和你尽享日月光辉的时候，你把你的那一份留给了毫无准备的我，竟头也不回地，独自踏上了归途。

一个以内敛著称于世的民族，在这样的时刻，怎能不长歌当哭！

突然发现，我们的同胞其实都是多么的善于表达！一个被唐诗宋词的圣水沃灌着的民族，人人都有一颗锦心，人人都有一张绣口啊！

只是，我不想要这样的时刻！请还给我平静缄默的日子吧，让“美”继续成为我和我的同胞们沉在心底的绝佳风景，让汶川、北川、青川的田野里飘着麦香，河床上流着绸缎，让亲人、乡人们彼此见了面不是抱头痛哭，而是微微颔首，淡然走过……

我想要的，谁能还给我？

灾难降临时，生灵互相取暖。

唐山大地震时，有个女人和一只苍蝇被圈在了同一个狭小的空间。黑暗中，女人看不见那苍蝇，却在它嗡嗡的飞翔中寻找着慰藉。女人一直和那只苍蝇对话，说着太阳底下曾发生的那些缤纷的故事。她把素日里最憎恶的苍蝇看成了“难友”，也把它看成是上天的使者。

汶川地震中，有一家人全部遇难，只有一只小狗幸存下来，这只狗不吃不喝，守在“家”门口，痴痴地等着主人回来。

地震过去将近二百个钟头了，一个被埋在废墟中的老太太在两只“过路”的小狗的“好心”救助下得以生还——那两只小狗不断地舔老太太的脸和唇，又用叫声吸引来了救助者，终于使老人脱离险境。

战士们用“生命探测仪”测出生命的迹象，但是，救出来的却是一只花狗。战士们没有怨嫌这只花狗，而是用绷带仔细为它包扎好伤口，让它继续享受生命。在死神的魔爪死死攫住一切的凄惶时刻，抢救出一个会呼吸的生灵，也是一件慰人心怀的事吧。

在这个星球上，人类注定越来越孤独。灾难来袭，我们被巨大的恐怖包围。连苍蝇这样的平日里在我们心中扮演着反面形象的生灵，也摇身一变，成了我们的温暖之源。

让我们的眼睛放出柔光，怜惜地对待生命。因为只有我们的“伙伴”生动，我们才能精彩。

创造月亮

唐传奇当中，有这么三个小故事，叫做《纸月》、《取月》、《留月》。

《纸月》的故事是讲有一个人，能够剪个纸月亮照明；《取月》是说另一个人，能够把月亮拿下来放在自己的怀里，没有月亮的时候照照；至于《留月》，是说第三个人，他把月亮放在自己的篮子里边，黑天的时候拿出来照照。

我被这样的故事折服了。

自然惊叹古人想得奇、想得妙，将一个围绕地球运行的冷冰冰的卫星想成了自我的襟袖之物；更加慨叹那不知名的作者"创造月亮"的非凡立意。我由不得想，能够做出如许想象的心，定然无比的澄澈清明。那神异的心壤，承接了一寸月辉，即可生出一万个月亮。

我叩问自己的心：你是不是经常犯"月亮缺乏症"？晦朔的日子，天上的月亮隐匿了，心中的月亮遂也跟着消亡。没有月亮的时候，光阴在身上过，竟有了鞭笞般的痛感。"不是我在过日子，而是日子在过我。"我沮丧地对朋友说。回忆着自己走在银辉中的模样，是那样的诗意盎然，但今天的手却绝难伸进昨天——我够不着浴着清辉的自己。这座城市里有一个冷饮馆，叫"避风塘"。我路过它，却又踅回来，钻进去消磨掉一个寂寥的下午。赚去我这整个下午的，是它的一句广告词："一个可以……发呆的地方。"灰暗的心，不发呆又能怎样？

我常常想：苦的东西每每被我们的口拒绝，苦口的药也聪明地穿起讨好人的糖衣。苦攻不破我们的嘴，便来攻我们的心了。而我们的心，是那样容易失守。苦在我们的心里奔突，如鱼得水。可以诉人的苦少之又少，难以诉人、羞于诉人的苦却多而又多。忧与隐忧不由分说地抢占了我们的眉头和心头。夜来，只有枕头知道怀揣了心事的人是怎样的辗转难眠。世界陡然缩小，小到只剩下你和你的烦恼。白天被忽略的痛，此刻被无限地放大，心淹在苦海里，无可逃遁。这时候，月亮在哪里？天空没有月亮，心空呢？

想没想过，剪个纸月亮给自己照明？

创造一个月亮，其实是创造一种心情。痛苦来袭，我们习惯浩叹，习惯呼救。我们不知道，其实自我的救赎往往来得更为便捷，更为有效。唐山大地震的时候，有个女孩掩埋在废墟下达八天之久，在那难熬的日日夜夜里，她不停地唱着一段段的“样板戏”，开始是高声唱，后来是低声唱，最后是心里唱。她终于幸存下来。她不就是那个剪个纸月亮给自己照明的人吗？劝慰着自己，鼓励着自己，向自己借光，偎在自己的怀里取暖。这样的人，上帝也会殷勤地赶来成全。

人的生命历程，说到底是心路历程。善于生活的人，定然有能力剪除心中的阴翳，不叫它滋生，不叫它蔓延，给月亮一个升起的理由，给自己一个快乐的机缘，揣着月朗月润的心情，走在生命绝佳的风景里。

洒扫心灵

用心和眼睛一起看

有一个白人，视黑人如寇仇。当他到商店买东西的时候，如果营业员是黑人，他就执意将钱币放在柜台上面，再让营业员从柜台上把钱拿走——他绝不让自己接触黑人那“肮脏”的手！后来，他失明了，在一家盲人休养院，他得到一个护理员的悉心照料，日子久了，他们成为无话不谈的知心朋友。一天，他拉着护理员的手，向他倾倒自己的一腔苦水：我可以学着用手去触摸一些东西，但是，我该怎样去区分白人和黑人呢？护理员平静地告诉他说，自己就是一个黑人。他听后半晌无言，却把那双手攥得更紧了。后来，他和一个黑人女子结了婚。他说，我失去了视力，也失去偏见。这是多么幸福的事！

有一篇小说，以庞贝城的覆灭为背景，写一个盲女倪娣雅的故事。倪娣雅虽身有残疾，却不自怨自艾，她快乐地生活，真诚地待人。维苏威火山爆发时，庞贝城笼罩在烟尘下，昏暗如无星的午夜。惊慌失措的居民冲来撞去，摸不到出路。但是倪娣雅却靠着她超凡的敏锐触觉与听觉，不但找到了生路，还把她最爱的一个人也搭救了出来——残疾成了她宝贵的财富，不幸在紧要关头帮她铸成了大幸。

不要将太多的权力都交付给我们的眼睛。当它倦怠的时候，当它偏执的时候，当它惊惶的时候，它往往提供给我们一些错误的信息。它牵着我们走在一种令我们脆弱的心无法拒斥的非清醒感觉里。在它的主宰下，我们忽略了一路花香，淡忘了深情表达，甚至将殷勤铺到脚下的生命通道阐释成绝路一条！

在张开眼之睫的时候，请别忘了张开心之睫。时时认真拂拭我们心灵的“明镜台”，让它在尘埃之外永远葆有一份明鉴万物的清明。

真的，有许多很重要的东西，往往需要用心和眼睛一同去看。

美德犹如耳鸣

在讲人类“登月计划”的时候，我先让同学们试着说一说那艘飞船以及宇航员的名字。

“阿波罗！”

“阿姆斯特朗！”

他们这样回答。很快，思维敏捷的同学又抢着说：“我个人迈出了一小步，人类却迈出了一大步！”

当然，他们讲得都不错。1969 年 7 月 16 日，“阿波罗 11 号”飞船经过长途跋涉进入月球轨道，人类首次登月行动开始了。飞船在月面降落，阿姆斯特朗首先走下 5 米高的 9 级扶梯台阶。当他的双脚小心翼翼地站在陌生的月球上时，他不禁感慨万千，说出了那句瞬间传遍全世界的话语。

其实，当年阿姆斯特朗身后还有一个人，他的名字叫奥尔德林。

在庆祝登月成功的记者招待会上，有一个记者突然抛给奥尔德林一个很尖锐的问题：“由阿姆斯特朗先下去，成为登陆月球的第一个人，作为同行者，你是不是觉得有点遗憾？”全场默然，所有的人都在心中悄悄给这问题做出不便大声宣布的答案。在众人有点尴尬的注目下，奥尔德林很有风度地回答：“各位，千万别忘了，回到地球时，我可是最先出太空舱的……所以我是由别的星球来到地球的第一个人。”

几十年过去了，太多的人已经不再记得奥尔德林，不再记得他大度而不失幽默的回答。但是我敢说，几百年之后，就算人类已经到月球繁衍生息，我们还依然会需要奥尔德林那样的美德——玉成他人，真诚分享朋友的快乐，不让尘屑般的忧烦侵扰洁净如莲的心怀。如果别人得到了一团叫做“不遗憾”的火，就请你微笑着将自己手中那一块叫做“遗憾”的冰凑过去，冰融的时候你的心注定会转暖。哲人说：美德犹如耳鸣。真的，有一种声响，自己听到就足够。

把不快记在沙滩上

在这个世界上，究竟有多少事情是值得告诉石头的呢？

石头当然是好记性。告诉它的话，多少年多少代都记着，记得清清楚楚。

有位智者和一个朋友结伴外出旅行。在行经一个山谷时，智者一不留神滑跌了，他的朋友拼尽了全身的力量拉他，不让他葬身谷底。智者得救后，执意要在石头上镌刻下这件事情。他的朋友问：“伙计，你认为真的有这个必要吗？”智者说：“当然。”于是，他在石头上刻下这样的字样：某年某月某日，在经过某某山谷时，朋友某某救我一命。他们继续自己的旅程。有一天，在海边两个人因为一点小事争吵起来，朋友一怒之下给了智者一个耳光。智者捂着发烧的脸颊，说：“哼，我一定要记下这件事！”他的朋友说：“随你记，我才不怕呢！”智者于是找来一根棍子，在退潮后的沙滩上写下了这样的字样：某年某月某日，在某某海滩，朋友某某打了我一耳光。朋友看过之后不解地问他：“你为什么不刻到石头上呢？”智者笑了，说：“我告诉石头的，都是我唯恐忘了的事，我要让石头替我记住；而我告诉沙滩的，都是我唯恐记住的事，我要让沙滩替我忘了——就这样。”

告诉石头的话，要斟酌。可以将欢悦告诉它，可以将感激告诉它，让它为你看护着一份美好，不让它流失分毫。然而，请不要愚蠢地把怨恨、懊恼、忧伤、烦闷一股脑地告诉石头，石头握住你的情绪就不会轻易撒手。当你试图摆脱种种不快的时候，它会殷勤地带着你重温昨日的阴沉愁苦。它揪牢你，不让你做快乐的自己。

学着那个智者的样子，将不值得铭记的事情统统交给沙滩吧。涨潮的时候，海水会卷走那些不快，伴随着新一轮朝阳诞生的——是你无忧的笑脸、无瑕的心。

被爱注册的花

一大早，老邻居高姐打来电话，问我今天在不在单位。我问她有什么事，她说是要送花给我。

我便在办公室等她。工夫不大她就来了，怀里抱了老大一捆各色的剑兰。我说：“天哪！你批发来的？”她笑答：“不是。你姐夫退‘二线’后没事可干，就在我家楼后面开辟了一片荒地。别人开荒种菜、种庄稼，他却种花，并且是只种他最喜欢的剑兰。”我抚摩着剑兰长长的花箭，说：“这花确实招人喜欢啊！”高姐说：“你姐夫每天起得比鸟都早，像个老农民一样在他的田垅里来来回回地走。他不怕累，不怕热，顶着个毒日头，给花浇水、施肥、锄草。有天他回到家，喜笑颜开地跟我说，喂，我的花丢了一大片！我说，咦？不对啊，咋你丢了花比拣了钱还高兴啊？他说，你不懂，丢花跟丢别的不一样。你想啊，那偷花的人眼力多好哇！他看出了我种的花值得一偷呢，这是对我工作的肯定。再说了，反正我又不指着种花卖钱，那花插在谁家的花瓶里还不都一样好看？一样让人瞅着舒心？——瞧瞧，这人都爱花成痴了。你姐夫喜欢侍弄花，却不愿意眼睁睁看着花开败。他总问我，你朋友谁喜欢花呀？赶快送去一些吧！这不，今天他剪回来这么多花，我就全给你抱来了。"

那天，我们同楼层每个办公室都分到了几支剑兰。大家在剑兰的花影里欢欣地转述着那位姐夫的故事，尤其是他那句"那偷花的人眼力多好啊"被大家争相传诵——那是个闷热的伏天，但我明白，几支有故事的剑兰捎给人们的清凉，起到了消暑降温的神奇功效。

几年前，我在电视上认识了那个从亚美尼亚跟着邓忠刚来到中国的金发碧眼女子，她叫努内，她跟着邓忠刚去的地方是山东荣成的詹家庄村。

她不知道那被丈夫苦苦思念的故乡竟是这么一个贫穷落后的地方。她第一次认识了土炕，第一次认识了长长垂挂着的灯绳。清早起来，她在屋子里打转转，却怎么也找不到洗衣机。她来到厨房，发现一个很大的容器，想，这可能就是洗衣服的东西吧，于是，她把待洗的衣服投了进去。这时候，她婆婆进来了，说，哎呀，你怎么把衣服扔进锅里去了？

就是这样一个惹得她不断垂泪的地方，却成了她的家园。

努内在自家的院子里种了许多花。有了花，有了爱，就有了扎根的理由。

贾平凹先生在他的《通渭人家》里面说，越是缺水，通渭人就越是喜欢着花草树木。栽几朵花，天天省着水去浇，一枝一叶精心得像照看自己的儿女。当他看到山沟里一堵土院墙内高高地长着一株牡丹，枝叶隆起如一个笸篮那么大时，给惊得大呼小叫，断言道：这家肯定生养了漂亮女人！

“花开富贵”是个多么逗人开怀的词！在我的理解中，这个词不单单是用来描摹牡丹的，所有被爱注册过的花，一朝开放，那方黯淡的天地，顿然变得富丽起来、金贵起来。

我爱离不开花的努内，我爱种出了好花的通渭人家。是他们，让我读出了花的好、人的好。

爱花的人无一不是爱生活的人。

听到一个有趣的故事。说是有位内蒙古的女士去昆明出差，禁不住那里比小白菜还便宜的鲜花的诱惑，买了一大箱子鲜花。她坐火车回家。漫长的旅途，折腾坏了这个千里带花的痴姐姐。她不断地接来水，洒在那被暖气烘得发蔫的花枝上。后来，她放弃了将花带回内蒙古的不切实际的想法，索性把花分插进旅客们扔掉的罐头瓶、啤酒瓶、易拉罐里，送到了乘务室和车厢的每张小桌前，引得满车厢的乘客开心地大笑。

我相信，这个关乎花的芬芳故事，会被每一个目击者和耳闻者恒久珍存。

唐山一个摄影家举办个人摄影作品展，邀请我去参观。在满展室的作品当中，一幅题目为“好闺女”的黑白摄影作品吸引了我。画面是歪斜的格子窗，窗子上方悬垂了长长的冰凌；透过明亮的窗玻璃，可见一只带豁口的碗里养了一棵盛开的白菜花，拍摄时间注明是 1976 年冬天，拍摄地点则显然是大地震后的“简易棚”。我不解地问摄影家，为什么取了“好闺女”这样一个题目？他呵呵一笑说：“你自己去想啊。”我想了想，说：“是不是这家人在地震中失去了女儿，他们便把这花当成闺女来拉扯了？”他笑了，说：“也是，也不是。我还有一层意思是说，一个在经历了那样的灾难之后还有闲情雅趣在那么破烂的简易棚中侍弄花草的人，对好日子的指望就像对那好看的花的指望，也像对好闺女的指望啊！”

是啊，能生出美丽的指望的心是永远都不会凋败的。

拥抱大树

那一年，我被摆在一连串的灰色故事面前，狼狈不堪地充当着倒霉的主角，心情坏到了极点。朋友怜惜地看着形神俱损的我说：“去西天目山拥抱大树吧！有份材料说，拥抱大树能够释放人体内的快乐激素呢！”

不指望这个方子能起效，但我还是去了。

随山路转了几个弯，猛一抬头，“大树王国”赫然入眼！

好大的树！好美的树！苍翠，雄健，挺拔，奇迹般高入云端。我奔向最近的那棵古树，拥抱它，问候它，在心里悄悄对它说："谢谢你在这里站了一千多年，耐心等我。"这句不曾说出口的话漫过心堤时，眼底竟有了涩涩的感觉。抬起手，触摸树干背阴面凉而腻的厚厚青苔，仿佛触摸前朝。

一棵棵千年古树殷勤地搭起凉棚，送我们沿古道往前走。耳畔传来一声声高亢的鸣唱，似银铃齐摇，又似孩童齐笑，而在这摇与笑中，还杂有一丝撒娇般的奇妙震颤，是我从未聆听过的稀罕声音。我问朋友："这是什么鸟在叫——叫得这么好听？"朋友笑着说："不是鸟，是天目山独有的一种蝉。前些日子，日本有家电视台到天目山来采集大自然的声音，一群人被这蝉声给迷坏了。"——是蝉鸣？我循着那高亢的鸣唱仰头望树，大概只有这样的树，才配栖止这样的蝉吧。

沿途所有能够亲近的大树，都被我一一拥抱过，连同那被天剑剖腹却依然用巴掌大的丁点儿绿色顽强摘取阳光的"冲天树"，连同那因乾隆一句好奇的赞叹而终遭揭皮剜肉之祸的"大树王"。在拥抱大树时，我怨自己的手臂不具备藤蔓的柔长，我不能将任何一棵大树真正拥入怀中，我只是用意念环抱了它们。

在那棵一万两千多岁的银杏树旁，我索性坐下了。我闭目冥想——当年的一颗种子飘然飞落于悬崖上的罅隙间，一番番冰侮雪欺，一番番雨骤风狂，那颗种子却怀抱着一个不死的愿望，从一茎青嫩的幼芽出发，一路唱着能将冰川烤化的歌谣，生长，生长，生长。一个又一个的世纪在眼前翻页，同行的伙伴纷纷凋谢了生命，只有这棵擅长消化痛苦的银杏，用葳蕤的音乐为自己伴奏，从容批阅尘世间纷至沓来的季节。一声蝉鸣被诠释为大地寄语，一滴甘露被解读为江河托梦。于是啊，一棵树蔓延成了一片树，你用生命的无尽繁衍答谢岁月、酬和光阴——“五世同堂啊”，大家微笑着恭贺你，犹如恭贺家族中一位年高德劭的尊长。我看见，你分明做出了一个凌空欲飞的姿态，却又不真飞去，只遣自己的灵魂翱翔天际，唯其如此，你才能活成寓言，活成神祇。

我无法靠近这棵崇高的银杏，它栖身悬崖，谢绝了我的亲昵。那就请允许我完成一个虚拟的拥抱吧！我伸展双臂，怀中登时开满缤纷花朵……

“是不是为抱不到这棵大树而遗憾呢?”朋友笑着对我说，“据本人粗略统计，你今天已经拥抱了32棵大树——很可观啦!”

噢，我可以甘心地往回走了。

来自一万多年前的蝉声织成了一张绵密的大网，将我幸福地罩在其中。我郁结于心的痛苦，居然神奇地冰消瓦解了。

终于明白，哪里是我在拥抱大树，分明是大树在拥抱我啊！从远古踏歌而来的抚慰，这样虚幻又这样真切。一片落叶轻拍我肩，竟逗落了我眼里大颗的泪滴。在被大树拥抱的瞬间，我听到了原先被我忽略的微弱心音。有一种昭示，来得这样婉曲；有一种救赎，来得这样彻底。

我已然懂得，生长的骄矜原可以笑傲一切屈辱。

我来之前，大树已在那里；我走之后，大树仍将在那里。那32棵大树，会用年轮的唱片反复播放一段与拥抱有关的美妙乐曲吗?不管它会不会，反正我会。

领受你美丽的抚慰

我是在小学课本上认识小英雄雨来和他的“还乡河”的。闭了眼,雨来就在那条河里扎猛子。但我一直没机会去亲近那条距离我现在生活的城市并不遥远的河,只在假想中分享着雨来在水中当泥鳅的惬意。

终于,骤然降临的酷暑把我和几个朋友赶到这条还乡河边。

没有想到,这竟是一条很媚气的河流。我疑心它是粗枝大叶的北方变的一个想逗笑水乡妹子的魔术。我呆立于清泠泠的水边,愣愣地开口向当地一个林业工作人员问道:“这条河,一直是这个样子吗?”他不解地望着我,说:“是啊。不是这个样子又该是个啥样子呢?”不,我不是在怀疑什么,而是觉得在我的襟袖之间藏着这样一条简直是照着漓江的样子梳妆过的河水,多少有点不可思议。

我们租来橙色的救生衣,认真地穿好,准备上船。

“这么多蛐蛐呀!”一个戴眼镜的女友大叫起来。她的话音刚落,就有人反驳道:“你仔细瞅瞅,那是蛐蛐吗?是小蛤蟆!”我躬下身,发现脚下的草丛里确实蹦跳着成千上万个土褐色的小东西。一想到它们是幼年癞蛤蟆,我起了浑身鸡皮疙瘩,抬起的脚怎么也不敢落下去。船家走过来,说:“这不是癞蛤蟆,是青蛙。教给你们一个辨认的办法——‘大嘴是蛤蟆,尖嘴是青蛙’。你们好好看看,它们都是尖嘴的。”说着,猫腰抓起一把,递到了我们面前。我们惊叫着，顾不得自己脚下有无小青蛙殒命，拼命往船上跑去。

那是几条简单的木船，比我小时候折的纸船复杂不到哪儿去。

穿白色对襟衫的船家悠悠地摇着橹，跟不远处的几个同伴吆喝着问答，大概是讲谁谁的“鱼阵”里圈住了一条多大的鱼之类。待船家闲下嘴来，我忙抢着问：“什么叫鱼阵啊?”他一指河边类似竹栅栏的东西告诉我说：“那就是鱼阵。用竹竿子插成一个谜阵，鱼只能顺着往阵里游，不能戗着往阵外游。渔民就用这土法子捕鱼。”我问：“这河里鱼多吗?”船家说：“多，还好吃呢！可我们摆鱼阵时把扦子插得特别稀，我们只圈大鱼，不圈小鱼，小鱼进不了阵底，从扦子缝里就跑了。”有人插言说：“我们老家那儿有‘炸鱼’的，还有‘电鱼’的呢。炸鱼就是往水里扔炸药，把一大片水里的鱼都炸死；电鱼就是往河沟子里通电，把整条河里的鱼都电死……”不等那人说完，船家就抢过话头说：“哎呀，这事干得可忒‘绝户’了！咱还有儿子、孙子呢不是？炸光喽，电绝喽，咱还不得招子孙们骂呀？——我们这儿可不兴这么干。”

我心头一热，觉得这个穿白色对襟衫的汉子还真有几分素质。

岸上的绿，深深浅浅的，跌进水里，在波中漾啊漾的，给我们橙色救生衣的倒影一衬，十分好看。

水阴阴的，把我们的思绪都浸得微凉。

有鸟叫声送入耳鼓。水娇水媚的鸣啭，让人疑心是从水底传来的。有人问船家那是什么鸟，船家有些不好意思地说他也不知道，接着他解释说：“鸟忒多了，实在是认不过来。要说这河上最好看的鸟，还是白天鹅。每年刚开河的时候，就有几百只白天鹅来这里歇脚。它们的叫声传得好远！呃呃呃呃……它们叫得可好听了！

它们在这河上待半个多月，然后就往北飞了。看到半山腰上那个村子吗？那就是我们百草坡村。我们村里的人们都认识那些天鹅，天鹅也认识我们村里的人们。年年见了面，大家都欢喜一阵子，跟老朋友一样。我们百草坡的人都稀罕鸟，野鸡跑到房顶上偷吃玉米，也没人伤它们。”

我们听得欢叫起来，仿佛天鹅和野鸡也成了乐于跟我们厮守的好朋友。

越往下游走，河面越开阔，河水也越深了。

水面上飞舞着许多小小的蓝蜻蜓，忽来倏往，仿佛是从梦中飞来的，又仿佛是要飞到梦中去。我伸出手，想要捉一只，不料有两只小精灵居然大大方方地联袂落到了我的胳膊上，任由我怎么观赏把玩。

有人突然倾下身子，试图抓住水里的一条小鱼。船身猛晃了几下。船家笑问那个惊魂未定的家伙："会水吗？"那人说："不会。"船家说："我们这里的人全都会水。那小英雄雨来的水性可不是吹出来的！"我好奇地问："你们这儿的人是不是特为雨来骄傲？"船家说："那自然！我们也特别感谢作家管桦，他把我们这条还乡河和生活在河边的人都写活了。"嗬，他还知道管桦！让我更加惊异的事还在后头呢。小船驶过一座小庙时，船家告诉我们说："这叫红石庙。传说庙门上有一副对子，上联是'山庙无灯明月照'，下联是'山庙无门白云封'。别看有这么多重字，可真是好对子啊！你咂摸咂摸，越咂摸越有味道！"

大家饶有兴味地重复着船家所说的对联，一边撩水一边咂摸着其中的味道。一个女友俯在我耳边说："啧啧，没想到，雨来的这个老乡还挺儒雅。"

我轻轻舒了口气。我在想：小小的雨来，用他的机智勇敢捍卫了这好山好水。今天，如果他九泉有知，一定愿意他热爱的山水得到更多的人热爱，也一定愿意他敬重的父老得到更多的人敬重……

日已过午，岸上的朋友已是几番来电催促上岸，我们的船依然被水深情地挽留着。有人突然问船家道："你们百草坡有房子出售吗？多少钱一平方米？"不待船家回答，满船的人就都欢笑起来。

"欸乃一声山水绿"，是柳宗元的诗句吧？先前，我总以为只有在南方才可以领略这般景象，今天我却在北方一个叫黄昏峪的地方幸福地潜入了这句诗的内核——听这小船欸乃，看这山水皆绿，连我疲惫的生命也被辉映得如此有声有色。我喜欢童年时在书页上揣想过的这条河，喜欢这有些媚气的清泠泠的河水，喜欢这河畔生长出的原生态的故事，喜欢会辨认青蛙、会模拟天鹅鸣叫、会咂摸好"对子"的船家。当酷暑追击我们的时候，我庆幸能和朋友一道遁入这个水光潋滟的时刻，通过蓝蜻蜓的翅膀领受一种特别的抚慰，通过不知名的鸟叫宴享一种特别的恩宠。

有个美国人曾说："朋友们问我去林肯的弗林特湖畔做什么？看四季的轮回难道就不算是一种职业吗？"说这话的人叫梭罗。真喜欢他这个回答。但是，俗务缠身的我们，谁个又敢口出这等狂言呢？大自然是精彩的，万物之灵的人也该活得精彩。然而，大自然的精彩常被我们过于好奇的手改写得面目全非；自作聪明的我们，还常常用这样或那样的理由剥夺自己亲近大自然、让生命呈现精彩的机会。我想，就算我们不能奢侈地以"看四季的轮回"作为自己的职业，至少我们也应该懂得，业余去亲近一回大自然，是人生应该追求的一种荣光……

开在石头上的美丽心花

听一位懂玉的老师讲玉。

他制作了漂亮的幻灯片，边轻点鼠标，边娓娓讲解——玉，石之美者。古人将玉道德化，说它具备“五德”：润泽以温，仁之方也；鳃理自外，可以知中，义之方也；其声舒扬，专以远闻，智之方也；不挠而折，勇之方也；锐廉而不忮，洁之方也……他沉浸在玉温润的光泽里，连声音都有了玉的舒扬。

他把玉讲出了花来！他一边讲，我一边偷眼觑着周围几个颈项上、手腕上戴了玉的女子，觉得她们仿佛登时骄矜地成为美玉的代言人，又觉得古人赞玉、颂玉的雅词丽句仿佛都是写给她们的；甚至不远处一个名字里带“玉”字的女子，还惹得我忍不住一眼一眼地频频观瞧，原本姿色平平的她，竟被我看出了几分美艳。

老师讲到了玉的沁色，又讲到了玉的包浆。

什么叫“包浆”？

这是听众中发出的一个小心翼翼的询问。

怎么？你连什么叫包浆都不知道吗？老师善意地笑着说，然后沉吟道，包浆嘛——哦，包浆就是包浆了。说完，连他自己都被逗得笑起来。

让我怎么说呢？包浆其实是世间最美丽的一种花朵。我查过

《现代汉语词典》,还真没有“包浆”这个词。我先不做解释,先给你们举个例子吧。比如你们家铺的竹凉席,新买来的时候,上面难免有些毛刺,睡在上面老不踏实的,因为说不定什么时候,它就可能往你肉里扎进一根牛毛般的细刺;而老家用过几十个夏天的凉席,光滑舒适,上面还有了一层光亮的东西,那东西就叫包浆。还有,老农民用了多少年的锄头,把柄上也会形成一层厚实的包浆。——明白了吗?大家不妨再想想看,还有什么东西上可能有包浆呢?

石器上、木器上、瓷器上、草编上、织物上……大家七嘴八舌地说。

老师说,很好,现在你们已经知道什么叫包浆了。我们是不是可以这样定义:一些器物,由于长年累月地被人使用或者厮守触摸,其表层形成的一种滑熟可喜、幽光沉静的蜡质物,这种蜡质物就叫包浆。

老师接着说,包浆承载岁月,见证光阴,铺满了包浆的古玉赏心悦目,温存可人。古人崇尚玉德,又讲究用人气养玉。养玉的过程,称做“盘”。古人又将盘玉分成了三种,即文盘、武盘、意盘。文盘用手摩挲;武盘用刷子刷,用绸子揉;最有趣的是意盘,顾名思义,意盘就是用意念去盘,你不停地想啊想,想它是个什么样子,它果然就成为什么样子……

我们轻轻笑了。

在这“三盘”里面,我不喜欢武盘,带着一个功利的目的去蹂躏那玉,即便形成了包浆,也一定既不养眼,也不养心。

我也不相信意盘,太荒唐,太玄虚,像气功大师的意念搬砖一样不可信。

我喜欢文盘。

我喜欢想象很久远以前，有个人很神气地佩带了一块美玉，也好比是随身携带了一个精神的引领者。闲来无事，就爱用手去触摸亲近它一番。那指纹认得了那玉，那玉也认得了那指纹。手在一块通灵的石头上从容地游移，所有的杂念都被荡涤得一干二净，狂躁、嫉恨、猜疑、焦虑、厌倦、忧悒等不良情绪统统被挡在了心域之外。那一刻，乾坤清朗，花儿开放，玉的精神和人的精神融为一体，难分彼此。

那个比方真好——包浆其实是世间最美丽的一种花朵。爱玉的人，会情不自禁地用爱抚的方式去领悟玉的美德。盘玩的过程，其实是一个“玉我同化”的过程。玉在我手上，我在玉心里。说到底，包浆其实是爱玉者慨然赠予玉石的一朵细腻温润的心花。

心思总在一个地方流连，手指总在重复一种舞蹈，石头怎能不拥有丝绸样的灵魂？木头怎能不说出锦绣灿烂的语言？

我愿意倾心去盘一块玉，让包浆成为它惊世的华服；也愿意让那块玉来盘我，让我的爱作别鄙陋与毛糙，开出世间最沉静、最美丽的花朵。

童话饮品

终于明白，童话之于人生，犹如母乳之于生命，是一份无可替代的给养。在记忆尚未萌芽的婴儿时期，无缘吮吸母乳的孩子噙着五花八门的奶嘴欺骗自己无辜的感觉，然而，一旦这婴孩长大，他则会失神地注视任何一个蜷在母亲怀里幸福地享用母乳的孩子，他甚至会在意念中挪开那个肥美的婴孩，把自己错过母乳的贫苦时段一厢情愿地嫁接到那个馨香温暖的怀抱。

我想说，童话岂能省略。

刨除追逐童话的过程，我的生命将变成一棵被卸掉头颅的向日葵，叶瘦茎枯，是一个悲苦多余的存在。

在我最应该啜饮童话的时候，童话却在我目力不及的地方喷淋灌溉别的秧苗。我流畅地背诵着我一点都不明白的、充满我根本不需要的智慧的句子打发童年。后来，我必然地长大——真的，远离童话的孩子也有权利淘汰一件件越缩越小的衣服。

如果不是遇到了Y，我以为我也一定有能耐淘汰一件件灵魂的小衣服呢。

但是Y来了。在阳光和尘土共同编织的日子里，Y擎着一本童话向我走来。Y是那种瘦小干枯的男人（有很长一段时间我居然以为唯有这种瘦小干枯的男人才可以更好地嵌入童话），他拿一本厚厚的童话集在我承接着尘土的头发上轻轻一敲，我小小的心就蹦跳着跟他走了。

Y让我们在他身边围成半个圈，形成众星捧月的样子，然后他开始给我们读童话。那是一串“姑娘”的童话——《冰姑娘》、《灰姑娘》、《拇指姑娘》、《踩面包的姑娘》……我在童话中溺水了。那时我已经有能力自己读书，但我不敢像别的伙伴那样在Y说了“今天就到这里”之后，跟他说我想借那本书回家去读。我不担心被拒绝，而是希望将首次阅读的权利保留在Y的手中。我要怀着惊喜去听他的阅读,每一个故事都不知道结局。谁若想在Y之前抢先说出那结局,我一定捂紧耳朵跑掉,不让他人窃走了我留待Y收割的那份足金的欢悦。

我有一个不可告人的祈望,那就是成为Y家庭中的一员。妹妹亦可,女儿亦可,妻子……亦可。我洗掉了头发上的尘土,穿上干净的鞋子(当然还不是水晶鞋)。我想叫Y知道丑小鸭变成白天鹅不只在童话中,灰姑娘的光芒也不只在书页的边缘闪动。

直到今天,我看童话时仍然忍不住要在心中模拟着Y的调子阅读。那带着浓重冀中口音的伪普通话听起来有一点装腔作势,有一点滑稽可笑,可我却觉得那是世界上最美妙的声音。失眠的时候,我将烦恼的自己缩进这个声音织成的茧里,四周全是安全密致的柔软纤维。我重温着那生长在阳光与尘土下的故事,灵魂安静,很快,睡神拥抱了我。

我终于丢掉Y只身远行。

在一座飘着雪花的校园里,我结识了H。他是我的现代文学教师。我找不到合适的词来形容他,我姑且就用一下"妩媚"这个词吧。这两个带着女字边的字的确挺适合他。他的眉目妩媚,声音也妩媚。听他讲课我本是坐在后面的,看小说,偶尔嗑两颗瓜子。后来他开始讲童话,我就一点点往前凑,一直前进到第一排。我不可遏抑地对他发生了浓厚的兴趣。每逢他的课,我就莫名兴奋。我问自己,嗨,你怎么了,你到底怎么了?

他讲得最漂亮的课是《小白船》。我开始在寝室里明确表达我对那条船的无限向往。伊们不怀好意地说,那船载走了一颗心。我几乎忘了他的姓氏 H，只在心中将他唤做“小白船”了。一次在图书馆碰到他，慌乱中居然喊了他一声“白老师”，两个人同时被这个毫不含糊的称谓搞懵了。H 妩媚的眉目间掠过一丝惶惑的笑意，我夺路而逃。

H 的夫人是一名校医。有时我去她那里医病拿药，候诊的时候我就站在一旁不眨眼地盯着她看。她的男人能讲那么动听的童话，她会不会开出一个与童话有关的药方呢？半朵玫瑰、一颗星星、两根羽毛、三片云霓……我兀自笑了。她皱起眉来对我斜睨，目光远离童话。

我相信，爱着童话的人一律是干净的人。世界染污了太多原本洁净的东西，甚至连“干净”这个词都不肯放过。许多患了“垢癖”的人如鱼得水地遁入了肮脏的泥淖，剩下洁身自好的人背弃污浊，飞身坐到了童话的云彩上。

我很想“拯救”那个妩媚的“白老师”。我想放出一只天鹅，让它自窗户飞进他的卧房，栖落于他的床边，救他于水火。

我没能实现自己的心愿。许多年过去，我在母校见到一个眼熟的男人，在犹如一团黑线一般的超浓密的假发底下，是一张妩媚尚存的脸。我的鼻子一酸，在心底叫了一声“白老师”。我握住他的手，摇着。我说，我曾经听你讲童话，听得险些迷失自己。他莫名所以地“哦哦”着，“哦”得我狂热的心一点点坠向冰点。

当我拥着一个飞来的男孩，跟他一道看动画片《鼹鼠的故事》，我是多么快乐，多么幸福。我和那个男孩一起模仿鼹鼠那独特的笑声，越笑越想笑。当客人到来，我们那飘飞如落英般的笑还来不及收拾。客人几乎被吓倒，他战战兢兢地捕捉着那荒诞的余音小心翼翼地发问：没出什么事吧？我和那个男孩再也忍不住，齐声爆出纯正的"鼹鼠笑"。

我家的书架上排满了童话。我要让那个奔赴了我的邀召的男孩吸足童话饮品，我不忍叫他重复我的饥渴我的不幸。

一天，我疲惫地回到家，发现我的家有些异样。那个男孩迎上来，郑重地朝我举起一叠破破烂烂的零钞慢吞吞地说，四毛钱一斤，我把那些书都卖了——我是说那些童话书。我盯了他足有 80 秒，然后说，你不是我儿子。

如一片瓦贴着水皮噌噌地撇过，儿子哗哗地趟过他生命中的童话之河，头也不回地走向了彼岸。或许这才是一种正常的人生状态，在该拥有的时候拥有过了，撒手的时候就不至于被优柔的丝久久地缠着，抬脚就迈到了阳光地。可我呢，我错过的那一课，竟然要用一生来补吗？

我以为我也可以走出童话。

我追逐那个男孩远去的背影，试图让自己脱掉童话的衣履。有很长一段时间，我甚至以为自己也能喝点哲学的酒浆了。

我不明白上天为什么偏偏又安排一个 Z 来续写我生命中的童话。当我再度走进校园学习，我拽着自己去听 Z 的一个儿童文学讲座。我坐在第一排，一下子我就不可救药地重新坠入冰姑娘与小白船的世界。我惊问自己在疏远了童话的那些日子里，我的头发上究竟又沾染了多少无形的灰尘。筛一筛我以非童话的方式打发掉的那些光阴，不配存留在网眼之上的东西是不是太多？我想我应该是一茎蕊，置身何处都寒酸丑陋、黯淡无光，只有回到童话那娇美的花瓣当中，我才能真正芳菲起来、摇曳起来。我向来是个不忍独享人间美乐的人，在座无虚席的阶梯教室里，我目光逡巡。我在寻觅一个空着的座位，我渴盼那个座位上能够坐上那个把童话卖了四毛钱一斤的废品的小男孩——尽管此刻的他远在千里之外。

童话，童话，童话。

不能走出童话是因为天真还在看护着生命，像相信明亮的眸子一样相信正义、相信善良、相信爱与美。童话一次次烘暖我悲凉的心房，童话指出的方向往往是我日后想来最感欣慰的方向。

真的，童话不能被省略。

目光的第二次给予

那一年，工作多年的我，又获得了重新回到高校进修的机会。在那里，我结识了禹老师。禹老师本是主研日本文学的，而他为我们担任的课程却是写作教学。初春的一个早晨，天上飘着牛毛细雨，教室前一株伶仃的杏树寂寞地开出了两朵淡粉的花。同学们嘻嘻哈哈走过，戏言要摘了它赠予我们漂亮的“班花”。后来，衣履光鲜的禹老师来了，我们便不再嬉闹。

距离真正上课的时间还有五分钟，禹老师说：“我注意到了，你们刚才在议论那两朵新开的杏花。要不要利用这几分钟的时间，听我给你们背诵一段有关花的文字？”我们热烈鼓掌。禹老师便开始认真地背诵起来——用日语！他背得十分陶醉，我们听得十分入神。不懂日语的我们,实在猜不出那是一些怎样的文字;但我们分明又约略地猜出那一定是一些美丽芬芳的文字,否则,朗诵它的人不可能那样眼睛发亮,幸福的表情仿佛置身于天堂。

禹老师背诵完了,我们却傻呆呆地半晌回不过味来。终于有人小声发问:“这是一段写什么花的文字?谁写的?”禹老师说:“这是日本作家川端康成描写海棠花的一段文字,文章的题目叫‘花未眠’。”

记得当天晚上在微机教室里,许多同学都下载了翻译成中文的《花未眠》。这是一篇玲珑哀艳的文字,是写作者对美与死的参悟。川端康成说:“凌晨4时醒来,发现海棠花未眠。我大吃一惊……”老实说,我很为他的“大吃一惊”而大吃一惊。花嘛,本不可能像人一般昼醒夜睡,花入夜而不眠,是一件多么平常的事啊,作者却何至于“大吃一惊”呢?

拿这个问题去请教禹老师,禹老师说:“川端康成说,自然的美是无限的,人感受到的美却是有限的。在那个给予他‘美的启迪’和‘美的开光’的凌晨4时以前,海棠花未眠这个事实曾被他粗心地忽略着。他或许以为海棠花和朝荣一样,会在黑夜里闭合自己美丽的容颜;他或许原本就知道海棠花是不眠的,但却没有像这个凌晨4时一样在凝视中突然读懂了它。所以他谆谆教导我们:美是邂逅所得,美是亲近所得。”

终于明白了,原来那令我们“大吃一惊”的事物往往是先前被我们粗疏的心误读过的事物。很为川端康成拥有那样一个重要的“凌晨4时”感到庆幸,他的“天目”被倏然点开,一下子看清了原先未曾看清的一切。

后来走过教室前的杏树，走过一切开花的植物，我都会很自然地想起川端康成的《花未眠》，想起禹老师忘情的背诵，想起那惹得人“大吃一惊”的所有的“美的启迪”和“美的开光”。

美好的文字和美丽的花朵一样，有能力完成“目光的第二次给予”。我们蒙昧的眼睛，常常有太多的读不懂。两朵杏花摆在我们面前，我们却无力透过她细腻的肌理触摸到生动的春天。我们只会开着浅薄的玩笑，与两朵奔跑了整整一个冬天才得以与我们相会的杏花擦肩而过。而当川端康成凝视过凌晨 4 时的海棠花，当我聆听过禹老师对这种凝视的深沉解读，红尘就多了几个知音，世界就多了一份锦灿。

带走你林间一缕清风

人间的冬天，我穿了羽绒服，出阙里宾舍，步行去看你。

冬阳照着，路旁一个挨一个的煎饼铺飘出各异的香气。和我同行的人可真多啊！那些外国友人，举着相机不停地拍啊拍；一个裸着美腿的金发女郎，躬身站在马路的隔离栏前，认真地跟着导游念那铸在上面的汉字“礼、乐、射、御、书、数”——尾音里是浓重的山东腔。我笑了一下，竟也学着那调子饶有兴味地大声念了一遍。一想到你当年就是用这样的调子说着“六艺”，我心里充溢着亲切的感动。

路过一间小店，店名居然就叫“不知”。唔，这显然是从你跟子路那段著名的对话中借过来的。于是，陡然生出对这间小店的好感，走进去，向所有货物投去温柔的目光。

邂逅一个宣传牌，上面印有你说的话，居然就是我第一次走上讲台写的第一行板书呢！我聆听着你，又让孩子们通过聆听我而聆听你。那金石般的遗响，穿过历史的烟尘，直抵我的耳鼓。心海回响着那些敦厚澄澈的语言的时候，乾坤明净，江河屏息，浮躁的灵魂遁入一个温暖的巢窠，被抚慰的温煦与被点化的洞明登时让愚蒙的生命变得鲜亮起来，颖慧起来。

好沧桑遒劲的两行古柏啊！我选了最壮硕的一棵，张开双臂去搂抱它，竟然抱不过来呢！一对情侣见我徒劳地欲要拥树入怀，热心地跑过来，与我合抱了那棵侧柏。你让走向你的陌路人彼此感到亲近热络。

过了那一道暗红色的拱门，万树入眼。那些落叶的不落叶的“异树”雍容伟岸地站立着，站成一道道兼具哲思与诗韵的大美风景。

好风吹向我。走在落叶厚厚的黄毯上，默诵着你不朽的教诲，内心挤满了难以言表的欢悦。俯身拣起一枚漂亮的柘树叶子，想，若是将它制成书签，夹在案头那部《论语》中，该多么令人陶醉呀！

擎着那片叶子，绕过“子贡手植楷”，拜谒“沂国述圣公墓”和“泗水侯墓”，你的墓就在眼前了。

这么朴素，这掩映在树木中的被青黄的草儿覆盖着的一个土丘啊！唔，就是“丘”了。你生于“尼丘”，取名为“丘”，死后归“丘”。你的形象高过了世间那么多的高山，你被后世那么多的人仰止，却只肯称“丘”——你是一个多么谦逊的人！

你的灵魂，依然安栖在这里吗？

我是一名教师，忐忑地将自己看成是你千载而下的同行。我喜欢你和你弟子之间建立起来的典雅而亲近的关系。你几乎什么都可以跟你亲爱的弟子们谈论：大到君子之德，小到鸟兽草木之名。真喜欢你的圣心俗好——在春天的大好时光里，约几个像春天般生动鲜润的青少年，一起到沂水里洗个澡，在舞雩台上吹吹风，唱着歌回家……

在太多的学校里，我听见学生在齐声背诵着“子曰……”，你丰沛的思想浸润着一茬又一茬“求德若渴”的心灵。就在几天前，在杭州一个中学你的塑像前，我惊讶到发现一个大红苹果！我问校长：“这是谁献的呢？”校长搔搔头，笑着说：“可能是学生，也可能是老师——老师的‘嫌疑’大些吧。”无端地，竟特别喜欢他这种缺乏依据的猜度。真的，没有宗教信仰的我们，早就把你视做一门宗教。我们的虔敬之心，是怎么表达都不为过的呀！

给迷途者一个方向让他飞翔，给饥馑者一席珍馐让他宴享。你慷慨激昂地开掘出一眼智慧之泉，任甘洌的泉水汩汩喷涌，千秋万代，滋润众生。

挥别的时候，我将那片一直擎在手中的柘树叶郑重地归还了“至圣林”——我不忍独享它，我不能独享它。它若有知，定然切望留在这“万树成荫，乌鸦不栖；百草丛生，绝无蛇迹”的神异土地，直至成泥、成尘、成烟。

就让我带走你林间的一缕清风吧——日日拂我之浊心，夜夜拂我之俗念，在寒冬里给我以春天的气息，在迷惘中给我以热切的召唤，让我“不忧不惧”地在天地之间从容行走，走出一个亦丰亦简的不乏光泽的人生……

爱与宁静曾来过

雨季来临前，我们照例去楼顶检查一下避雷针。

同行的有一位专业人员，他指着避雷针的针尖部分对我们说：“你们看，这避雷针上有多么明显的引雷痕迹啊！这说明在去年的雨季它很尽职地工作，多次将本可能击中这栋高楼的雷电吸引到导体棒上，再经由导线导入大地，从而使这栋高楼免遭雷击。”听他这样一讲，我们不由肃然起敬，围着那枚不起眼的避雷针饶有兴味地观赏起来。

我看着那细细的针体，怎么也不敢相信它曾引走过那么多可怕的雷电。如果它有知，那么，它在履行自己职责的时候是惊惶的呢，还是从容的呢？在闪电鞭笞天地，炸雷横扫乾坤的一刻，人与鸟与兽，能逃匿的都逃匿了，只有这小小的避雷针只身站在高处，招手吸引雷电，在遭到命定的电灼雷击之后，依然挺立着，安然迎接属于自己的阳光。

我让视线移开了一些，一低头，居然发现避雷针旁水泥楼顶的缝隙里长着一棵不知名的小草，而那小草上，赫然开着一朵淡黄色的小花！我俯身仔细端详那小花，发现它是复瓣的，蕊小得几乎看不见。与她对视的瞬间，我突然就微笑了。我想，这个画面可真富有禅意啊！它在这个初夏的黄昏撞上了我的心怀，要指望我用怎样的智慧去解读它呢？

我得说，面对这个美好的画面我有一些自愧。如果把我的肉身比喻成一座建筑，我又何尝不需要一枚神奇的避雷针呢？我的雨季均衡地分布在四季，电闪雷鸣是我人生气象的常态。似乎想都没有想过要避雷，"没有风雨躲得过，没有坎坷不必走"——歌里不就这么唱的吗？雷电袭来，就豁命地迎上去，痛了、伤了、哭了、忍了，从来没有想过要改变自己，或者说，一直以为用血肉之躯去亲吻剑锋是一种逃不掉的宿命。每次检点伤痕，都不免生出怨艾与哀怜——怨艾命运，哀怜自我。肉身被摧毁了一万次，每次都是抓住一根稻草挣扎着侥幸逃生……

从今天开始，可不可以试着为自己安装一枚避雷针？不以硬碰硬，也不闪避逃遁，雷电袭来，就巧妙地将它引入广袤的大地，只把闪电看成一次心动，只把雷鸣看成一句表白，巧妙地将扫荡整个生命的惊悚与战栗置换成针尖那么大的一丁点儿痛苦；最重要的是，在雷电呼啸着经过的地方还要竭力雕琢出一朵惊世的小花，越是与苦难比邻，越有心思扮美素淡的光阴，借一朵随时可能凋零的微笑告诉世界：爱与宁静曾来过。

我愿从所有的过往岁月中抽出一根灵秀的金属之丝，以境界为砧，以胸襟为锤，淬以智慧之火，精心打造我生命的避雷针；还要提了感恩的喷壶，每日浇灌那一颗遗落在水泥齿缝间的种子，直到看它开出惊世的花朵……

书疗

忧时喜时，我都愿意去亲近书。

最近一段时间，我迷上了重温。那感觉，像是在重访故人，更是在重访自己。

当忧伤劫持了我，早就学会了“书疗”。抛掉沉重的专业书籍，不要带任何功利色彩，宠着自己的阅读口味，读自己“最有感觉”的书。

多少次，我从自家的书架上检出雨果的那部《悲惨世界》。我要会晤16岁那年结识的小珂赛特。我要看一看，穿着破旧衣服的珂赛特，还走在去森林里提水的夜路上吗？路过笼在蜡烛光里的玩具店的时候，她又偷眼看那穿着紫红衣服的洋娃娃了没有？当这个8岁的女孩提着沉重的水桶走在可怕的夜路上的时候，那只大手有没有悄悄伸过来，使她陡然感到水桶变轻了许多……那只大手，在拿走珂赛特水桶重量的同时，也拿走了我的忧伤。清晰地记得，我在这页书上哭过，如今我又重拾了那哭。感谢雨果，感谢他再一次抚慰了我。想起那一年，我在法国的先贤祠前，央人给我拍了许多照片，心里有个温柔的声音在说，就当是与长眠在这里的雨果合影了吧。今年初春，一家电视台邀我去担任《西方人文大师》节目主讲，让我从众多的大师中挑选一位自己“中意”的作家。“雨果！”我不假思索地说。对方笑了，说：“啊？怎么这么多人都抢雨果呀！雨果已经被人选走了,你另选一位吧。”我于是选了巴尔扎克,因为讲巴尔扎克注定绕不过雨果。二百多年了,悲悯的雨果,一直用他的作品降着悲悯的甘霖,给尘世间焦渴的人们带来福祉。

很久以前,我读海子的诗。看他写:

梭罗这人有脑子
梭罗手头没有别的
抓住了一根棒木
那木棍揍了我
狠狠揍了我
像春天揍了我

我懵了。在我的心里,伟大的作家总是要“救人”的,可是,海子却说,这位作家是在“揍人”。某一些时日,我正春风得意,驱遣着自己随梭罗再一次走近他那片静谧澄澈的湖水。当听他说“我宁愿独自坐在一只南瓜上,而不愿拥挤地坐在天鹅绒的坐垫上”时,我突然就想起了海子的诗,果真就是被木棒“狠狠揍了”的感觉啊!不幸被梭罗言中,我不就是热烈地向往着“拥挤地坐在天鹅绒的坐垫上”的一个至俗的人吗?最初阅读的时候,这个精妙的句子怎么会被我轻易忽略了呢?而今天,这个句子举着一根多情的“棒木”,宿命般地“揍”了我。而这样的挨“揍”,又是多么美妙、多么值得记述啊!难怪海子说“像春天揍了我”,这样的训诫,凛冽中裹着暖意,让你在一个寒战之后不期然看见枝上鼓胀的花蕾,你清醒极了,充盈极了。一个傲然独坐在南瓜上的剪影,越来越清晰地呈现在你面前,除了膜拜,你不知道自己还能做些什么。

从台湾来的毛老师认真地问我:“为什么那些在世博会上排队

等待的人们不带着一本书呢?”我被问得张口结舌,却记得在去看世博的时候,往包里塞了一本书。我替那些忘了带书的人羞惭。那些在长队里百无聊赖地玩手机的人,舍弃了被好书抚慰一下的美好机缘。

好的阅读究竟像什么?不同的人会做出不同的回答,即使是同一个人,在不同的人生阶段也会做出不同的回答吧。最近看一个评论家的“酷论”,说好的阅读就是引燃的炸药,它会在你心里炸出一个大坑,并在你身上留下终生难愈的无数细密难言的伤口。检点自己的心与身,发现它们幸运地拥有属于自己的“大坑”与“伤口”。我想,生命若想与“浅薄”决裂,大概离不开这样的“大坑”与“伤口”吧?好的书,会以撕裂你的方式,去拯救你。

书可疗伤,书可疗俗,书可御寒,书可却暑。海子走时,带了四本书,他肯定是打算到那边去精读的吧?真想知道,那根棒木,可又幸福地“揍”了他?

与至爱者分享

“世界杯”期间,清云独自驾车,从北京来到唐山。我得到消息,稍稍吃了一惊,在电话里问他:“来干嘛?有事吗?”他回答说:“来找子森,一起看‘世界杯’。”我沉吟了片刻,然后蠢蠢地问了一个被他大笑着转述给若干人的问题:“难道你家没有电视机吗?”

清云、子森是我的大学同学。大学期间，这两个大男人志趣相投，又共同热爱着“世界杯”。他们能够容忍中国队不出线，却不能容忍天各一方看球赛。我想，大概跟我逛街有个“首席陪逛”一样，他们看足球，也需要一个“首席陪看”吧。

不由想到我的一个“石碾迷”朋友。就在前天，他打来电话激动不已地对我说：“我最近又得到了一台碾子，漂亮极啦！快让你们的美术老师来看看吧！”这个“石碾迷”朋友住在市郊，小院里摆满了他走村串乡“淘换”来的石碾。我们的那位美术老师的拿手好戏就是用画笔赞美他的石碾。两个人曾经用一台石碾充茶几，端坐于小院的苦楝树下品茗，从日中直品到日落。

就像经由清云、子森我对足球发生了兴趣一样，通过“石碾迷”和那位美术老师，我对石碾发生了兴趣。

借一双眼睛看世界，能看出不一样的精妙与精彩。

看过一幅有趣的漫画：一只肩负使命的蜗牛，伸着长长的触角，从一棵树上往下爬，它爬过了晨昏，爬过了风雨，爬过了无数寂寞难耐的时光，终于爬到了树下的目的地，在那里正有另一只蜗牛耐心地等候。肩负使命的蜗牛深情地对那只等候的蜗牛说：“亲爱的，这棵树的第三个枝杈上开了一朵最美的花，我要带你去看。”——它来不及想，它说这话的时候，那最美的花是否已经零落成泥。

重要的时刻，美丽的景致，都愿意与至爱者分享。这称得上是深情者一个美好的通病吧？

我懂你，你懂我，我们共同懂它，我们拥有一起欣赏它、品评它的经历——我是这样理解“知音”的。仅有我懂你或你懂我，是令人叹惋的；我懂你同时你也懂我，是令人欣喜的；我们在互懂的同时又有着同样的嗜好与品位，是令人羡妒的。我们彼此的心里，珍藏着并肩看云听雨的美妙时光，叠合着共同啜饮生命佳酿的难忘时刻，在同一个精神牧场，我们放牧自己的心情，听任一滴忧喜在两个心湖上荡起一圈圈同心的涟漪——这样的诗意人生，无疑是可以安慰世界的。

我不认为那带来了迟到的花开消息的蜗牛是可悲的。看到了美好的景致，压根儿就想不到与人分享，或者环顾四周竟找不到一个可分享的人，那才是真正的可悲。那只等在树下的蜗牛，被一份痴爱陶醉，它无疑已然看到那开在第三个枝杈上的最美的花朵。

我们孤独地来到这个世界上，又将孤独地离去。有人说，人生不过是四亿次眨眼。我想说，趁着这“四亿次”正被我们幸运地拥有着，让相知的人靠近些再靠近些，让爱消弭所有的距离，让足球、石碾与花朵成为我们割舍不下这不完满的世界的珍贵理由。

怀璧

有人得到一块宝玉，便拿去献给子罕。子罕却说，自己以不贪为宝，对方以玉为宝，玉一旦易主，“皆丧宝也”，“不若人有其宝”。就这样，两人都守住了自己怀里的美玉。

“怀璧”，着实是个让人欢喜的词语。独得的欣悦，拥有的满足，是襟袖之间的隐秘花开。但尘世间被人藏于怀中的“璧”，又有着多么巨大的差异啊！

隔着两千五百多年的烟云，我看见了子罕意味深长的微笑。

我不能忘记那些曾深深刺痛过我的数字——日本一个叫千石保的社会学家曾设计过这样一个问题：假如有足够的钱供你一生享乐而无需工作，那么你是去享乐还是去工作？千石保拿着这个问题走进不同的国度。在上个世纪60年代，基本上没有人回答靠玩过日子。美国的比率为2～3%，日本竟不到1%。然而，20年后“玩派”骤然增多。千石保说：“根据1983年世界青年意识调查对11个国家提问的结果，‘玩派’比率最高的是瑞士，占39.8%；日本为19.8%，美国为21.8%。”“到了1987年，日本的‘玩派’占到26.9%，四年时间增加了7.1个百分点。”至于中国，千石保写道：“令人难以掩饰惊讶的是中国的数字。‘玩派’着着实实接近半数，占49.8%，创世界最高纪录。”

毋庸讳言，这些接受调查的人，也在认真掂量着他们手中的“璧”——要“工作”还是要“玩”？这真是一个直逼人的灵魂的选择题。我不知道如果今天千石保再度来中国做调查，他的数字会发生怎样的改变，但我相信，总有一部分被鲁迅先生唤做“脊梁”的人，会毅然舍弃那“一生享乐”，而将“工作”看成他们必然的选择。因为继承了子罕“精神遗产”的人在中国是永不可能绝迹的。

“怀璧”的人啊，你仅有一个温热的怀抱，审视一下你所拥有的东西，它是否真的值得你占据你的灵魂？梭罗说：“多余的财富只能购买多余的东西，而灵魂的必需品是无法用金钱购买的。”尼采甚至说：“人生的幸运，就是保持轻度贫困。”活在喧阗人间的我们，是不是应该经常叩问自己：什么比生命更易朽？什么比生命更绵长？

“怀璧”是个多么值得玩味的词语啊！当你将宝玉物归原主的时候，当你用清贫诠释诚信的时候，你感到所怀之“璧”的温润凝腻了吗？

人啊，只有当你怀中的宝物堪与你的心互为镜鉴时，你才可以宣称：我是多么富有！

隐秘的创伤

我上小学的时候，跟同学打架，胳膊上挂了彩。回家不敢让暴脾气的外祖父知道，便在大夏天里天天穿长袖衣服，以掩盖伤痕。

发现这段经历似乎有着某种象征意义，是多年以后的事。

总是被伤着，身上有太多隐秘的创伤。即便是最亲密的人，也不能或不便相告。

最初的时候，根本没料到自己是奔着一个伤口去的。欢天喜地，向着惹得自己心动的方向进发。那快乐自然也是隐秘的，没想到要与谁分享。只是自己的口与自己的心频频对着话，有意让其中的一个站到另一个的对立面去讥诮嘲讽她，劝她回头，但另一个却是才思敏捷，牙齿伶俐，几句话就把那个挡道的东西给撂倒了。明知道自己原是偷偷偏向着那个一心思谋着做傻事的自己，却奈何不了她，只好由她去了。

看山不再是山。想回头，却止不住惯性的脚步。

必然的创伤必然地来了。

四周全都是人。我突然就流泪，蹲下，假装靴子出了问题。把一个装饰扣袢，解开又扣上，扣上又解开……真怕此刻有个不长眼的家伙热忱地陪我蹲下，殷勤地问："喂，需要帮忙吗？"

以为下一次能长记性，可是偏不能。

捧出一颗心，任小鸟来啄。小鸟当真来啄了，才知道心痛到底是怎样一种况味。

夜来无眠，悄悄检点自己隐秘的创伤。总想用高傲命名自己的灵魂，可在一个特别的时刻，它却甘愿与卑微为伍。它不惜降低自己，为的是衬出一朵花的美丽。她的痛苦多源于对世界要求的过分——在春天之外再要一个春天，在少年之后再要一回少年。被回绝的时刻，它不禁莞尔，身上却分明有了伤痕。"你是因爱受伤。"她这样对自己说。她想起了自己面对一份爱曾是多么的嘴硬，她说："我不爱你，我只是爱上了爱你的那种感觉。"那种感觉，是抛洒着玫瑰花瓣走在刀锋上的感觉。痛，瞬间从足底传到心尖；她却强令自己笑靥如花，衣袂飘举，在纷飞的花瓣雨中走成一个快活仙子。多少年，一心巴望着有人能睁开第三只眼看到自己身上隐秘的创伤。"如果有人猜到，索性就朝他和盘托出！"终于遇到一个也有着隐秘创伤的人，但是，在得知伊人内心的秘密并陪着伊人慷慨垂泪之后，伊人向她索要故事，她竟恬然背叛了自己。——能够诉人的，伤得浅；不能诉人的，伤得深啊。

战战兢兢地跟自己说：遍体鳞伤之后，便再没有可伤之处了吧？哪知这回又错了。因为，同一个地方，居然可以反反复复地承载创伤……

那一天，跟一个小我 11 岁的女孩对聊，发现她竟是个可遇不可求的听者，便毫不隐讳地告诉她说："我的生命史，就是我的受伤史啊……"她听了浅浅一笑，说了一句日后被我反复微笑着忆起的话："妙人大都如此。"

熨帖开出最美的花朵

很好的秋日阳光，空气中弥散着迟开花朵的芬芳。我站在一个儿童摄影棚前等人。突然，一个小女孩把童车骑到了我跟前，险些撞到我。我赶忙躲她，不想她竟追过来。我只好无奈地冲她笑了，她也冲我笑——一个仙子般的小姑娘。"阿姨！"她指着儿童摄影棚外墙上足有两米高的巨幅照片对我说，"这是我。"我这才注意到，原来，这骑童车的女孩竟是那巨幅广告上的小模特！我看看照片，再看看身边的女孩，不住地夸说"漂亮"。女孩得意得不得了，头摇尾巴晃得像条欢快的小狗。

我不由得想起了发生在南怀瑾大师身上的一件事。有一回，南怀瑾乘火车从台北去台南，身边坐了一个年轻人，捧着一本书入神地看。南怀瑾瞟了一眼他手里的书，随口问了句："有那么好看吗？"年轻人做出肯定的回答，并说自己一直十分喜欢读这位作家的作品。南怀瑾说："哦，那我回头也买一本来看看。"——那本书的作者正是南怀瑾。

我喜欢女孩不依不饶追着我这个陌生的“阿姨”，邀宠般地告诉我说那墙上的照片就是她，她说明，是因为她透明；我也喜欢南怀瑾不曾道出自己就是那本“好看”的书的作者，他缄口，是因为他蕴藉。

我不能接受女孩抛却一派天真，扮演大师的深沉；我也不能接受大师抛却沉静内敛，扮演女孩的单纯。

我愿意拟想，大师也曾拥有无饰无邪的童年，愿意将自己的美事、乐事、幸事张扬天下，不惧人讥，不怕人妒。就像花不会藏掖自己的芬芳，透明的心也不会藏掖自己的景致。那么没道理，那么没章法，反正就是让童车冲到你脚下，纠缠着你，追着你唱赞美诗。这让你很便捷地就怀了一回旧，你生了锈的感觉在一颗开花的童心面前一下子生动起来，摇曳起来。

我更愿意拟想，女孩将一步一步修行，直到学会对着岁月深处那个急煎煎向路人跋扈地炫耀自我的女童发出不屑的哂笑。南怀瑾大师特别看重生命的“庄严感”，庄严的生命必是摒弃浮华、拂去尘屑的。一个拥有美好的“精神目标”的人，断不会热衷于在生活的大海中钓取廉价的恭维与褒扬；只有虚妄的心，才会那么黏，总是试图黏住更多激赏的目光。

行走世间，我多么希望自己有一双善于撷取的手。撷取了天真，就在这一刻欢悦吧；撷取了内敛，就在这一刻凝思吧。而在这两个故事的连接处，我愿意试着绣上自己细密的心思——告诉自己，或许，这一边，正是我渐去渐远的昨日，那一边，恰是我愈行愈近的明朝。揽万物以为镜，窥见自我一息一变的心颜。不是所有的“可爱”都适宜窖藏，此时的口无遮拦，彼时可能就变成了庸俗轻浅。风度，往往与一个人的自知度呈“正相关”。对一个个体生命而言，没有恒久不变的“一派天真”，也没有与生俱来的“沉静内敛”。自觉修行的生命，会在每一刻都说出得体的语言，不造作，不夸饰，不张扬，在熨帖中开出最美的花朵。

感谢你创造了羽翼

“如果我有一双翅膀，我就一天到晚不停地飞、飞、飞。”

这是一部儿童剧中的台词，说这台词的是一个脏兮兮的小男孩。听到这男孩突然讲出这么可爱的话来，我一时间竟然愣在了电视机前，由不得在心底和着那美妙的童声一遍遍地说道：“我也是，我也是……”

小时候最嫉妒的是天使，以为那准是禽类和人类共同的后代；也曾精心抚摩过自己的肩背，企盼着那里春芽破土般地透出一些惊世的消息。后来，我终于悲惨地长到了能够准确无误地区分梦境和现实的年纪，我明白了：这笨拙的双臂永远也不可能托举着我完成一部摘云的神话。

于是我歌唱。

我钟情一切颂扬翅膀与飞翔的歌曲。我唱“小燕子”；我唱“小蜜蜂”；我唱“呀飞啦，人民要解放，呀飞啦，人民要自由！”（当我终于晓得了“呀飞啦”原来是“亚非拉”之误时，我懊丧极了。）我在歌曲中体验飞翔的乐趣与快感。我不知道，在这个世界上还能有谁像我这样动用整个生命中的爱，去唱那些让我想入非非的歌曲。

我多么喜爱小鸟——那拎着奇妙的音乐盒自由自在地行走在蓝天白云之间的小小精灵！我常常痴痴地想：既然天空中没有藩篱，那还有什么能够阻挡得鸟们的飞翔呢？鸟们飞呀飞呀，晴天里飞成一首诗，微雨中飞成一阕词。它们的事业，就是以不倦的翅膀幸福地丈量美丽的长天。真想寄一些最为空灵的心事给那御风而行的轻羽，让它们带着我删繁就简的愿望飞进那令我目力难及的天堂。

总也忘不了一幅名为‘无题’的漫画，画中有只关在笼中的小鸟，正苦苦挣扎着放飞那用自己的心脏扎成的风筝……我善感的心在那页书上悲悯地颤了又颤，好想赋予这可怜的生灵一支骆宾王那样的健笔，也好让它写出一篇悲愤犀利、惊世骇俗的声讨檄文。

“如果我有一双翅膀，我就一天到晚不停地飞、飞、飞。”

听吧，这是你童年的声音，这是我童年的声音，这是人类童年的声音呵！

当我们拖着疲惫的双腿行走在尘土飞扬的大地上的时候，飞鸟那轻捷的身影给了我们多大的安慰与启迪！想那赖特兄弟，不就是带着这种安慰与启迪成功地给自己的梦插上了金属翅膀的吗？在天使必然地淘汰掉我们庸常的姓名之后，在平滑的肩背必然地迷失了春芽破土般惊世的消息之后，让我们保留着一份想飞的可贵心境，像欣赏恋人一般去欣赏飞翔吧！让我们动情地对这世界说：感谢你创造了羽翼，感谢你创造了飞……

世界给我们的问题

养在瓶子里的鹅

有一个"舶来"的问题,类似"脑筋急转弯",是这样说的——

有一只鹅,在很小很小的时候就被主人放到一个大肚长颈的瓶子中养着。鹅的身子窝在瓶子的肚子里,脖子刚好能伸到瓶口之外。每天主人都忘不了来喂这只鹅。鹅呢,在瓶子里养尊处优,很快就长大了。当鹅的身子膨胀到不能经由瓶口从瓶子里被拿出来的时候,用什么样的办法可以在既不损坏瓶子又不弄伤鹅的前提下把鹅与瓶子分离呢?

我拿这个问题去问我们学校里刚刚升入高一年级的新生。

有人说:这个瓶子没有底,把鹅从"后门"里抽出来就行了。

我说:这个瓶子有底。

有人说:这是一只充气的塑料鹅,放了气,鹅就能拽出来。

我说:这不是一只塑料鹅,而是一只"白毛浮绿水,红掌拨清波"的真鹅。

有人说:瓶口有机关吧?鹅的身子通过时瓶口就能被撑大。

我说:瓶口绝对小于鹅的身子,并且瓶口没有安装松紧带。

他们缄口了。

我说:同学们,我想问问你们,你们谁家用这样的方式养过鹅?

或者说，你们谁见过、听说过用这样的方式养鹅的呢？

有人摇头。

有人小声嘀咕道：是啊，好好的一只鹅，干吗要把它塞进瓶子里去养呀？

我说：问得好！其实，这个问题本身就是一个虚假的问题，它根本就不能成立。换句话说，这个问题没有任何价值！因为虚假，因为没有价值，所以，它就不值得我们为之苦苦寻求答案。同学们，我很为你们遗憾，因为面对着这样一个虚假问题，你们却不会质疑，只管闷着头去寻找那所谓的“正确答案”。长这么大，你们一直在和问题周旋，你们跟各学科抛给你们的问题较劲，仿佛战士和敌人较劲。你们喜欢被肯定，害怕自己苦心寻到的那个答案偏离了正确的轨道。现在，你们已经是一名高中生了，我要提醒你们的是：你们一定要提防类似“瓶子养鹅”这样毫无意义的问题，要大胆地质疑，清醒地反思，别让不是问题的问题羁绊住你们的手脚；另外，我还要告诫你们：不要对所谓“脑筋急转弯”类的问题上瘾，要知道，这个世界上绝大多数问题都不是可以靠着你一个讨巧的伶俐转弯就可以得到解决的。记着，跟浅薄决裂，这是你思想走向成熟的一个重要标志。

猫和老鼠

参加一个教育论坛。研究教育心理的专家在台上号召我们每人说十遍“老鼠”，速度越快越好，说完之后回答他提出的问题。于是，整个会议厅中便响起了一片“老鼠”之声。大家扳着指头，抢着做那个最快说完十遍“老鼠”的人，我自然也在其中。终于，我们把它说完了。

专家立马朝着我们发问：“猫怕什么？”

我们一起不争气地回答：“老鼠！”

说完之后我们就笑了，我们笑自己居然犯了一个如此“低幼化”的错误！

专家说：“瞧，在这个经典陷阱面前，连你们都不慎陷落。你们都是来自基础教育领域的佼佼者，受过良好的教育，有着不错的思维品质，按说你们应该不会被这个小小的问题绊倒的，可你们看到了，事实恰恰相反。这是为什么呢？不是因为你们不够聪敏，而是我的问题设计得有问题。我是有意设计了这样一个有问题的问题，并且我有意看着你们陷落。不过呢，你们要明白，看着你们陷落这不是我最终的目的。我只是想借此提醒你们，在现在的小学和中学的课堂上，许多老师常在无意中设计出这样有问题的问题，然后，吃惊地看着我们的孩子陷落，再气愤地把‘愚蠢’这顶帽子不由分说地扣到孩子头上。你们别笑！你们想想看，有的老师，为了让孩子学得更扎实、更牢固，或者是为了给一些没有按照他的要求完成作业的孩子一点惩戒，便罚孩子写十遍、几十遍，甚至一百遍！孩子在写的过程中，内心充满了对知识的厌恨、机械的重复，把他的思维能力蹂躏成了一盆糨糊，智慧拒绝来参与书写活动，精神也溜号了。在这样怠惰、委靡的时刻，孩子也会懵懂地把‘猫怕老鼠’认定为真理的。老师们，我知道你们平常特别爱说‘恨铁不成钢’这句话，我想和你们做个约定：我们一起来戒掉这句话！因为我们是老师，我们应该和夸美纽斯一样，相信‘教育是无所不能的’。不要总埋怨孩子，静下心来从自己身上找找原因，看我们在传授知识的过程中是不是违背了孩子的认知规律？我看到老师们终日里那么辛苦，可我多么害怕，害怕老师们是在‘兢兢业业地误人子弟’啊！”

一生的功课

有一次在网上随意浏览，看到幾米的一幅漫画，名字叫“露露的功课”。画面很简洁，一个女孩牵着一只小鸭子在走。画的下面是幾米配的稚拙文字：“露露不会游泳、不会飞，她的鸭子也是。露露带着小鸭子，天天到池塘边看别人怎么游泳、怎么飞，”网页上的文字到这里没了，再往下翻，变成了另外的内容。当时我只是想：咦，怎么会以一个逗号结束呢？是点错了标点，还是丢掉了文字？管它哩。

可是后来，我发现自己居然忘不掉那幅漫画和那些稚拙的文字。我想，如果后面还有文字，它应该是什么呢？我试着去补充：“后来，露露和她的小鸭学会了游泳，她和它还想学飞。”不好！倒不如这样续写：“后来，露露学会了游泳，小鸭学会了飞，她和它开心极了。”还是不好，根本有违幾米的风格嘛！看来，后面可能真的没有文字了，需要更正的，仅仅是那个逗号而已。

一日，我去书店为一个朋友选书，一眼就看中了精装本的《听幾米唱歌》。毅然买下，想用这本“成人童话”去博取一个优秀成人的微笑。翻开书页，映入眼帘的居然是《露露的功课》！我急切地去看那最下面的一行文字——噢，在“……天天到池塘边看别人怎么游泳、怎么飞”的后面，果然还有一句话，一句关键的话，一句让我今生今世都不敢忘怀的话：“日子一样很快乐。”

自己不曾拥有，就快乐地欣赏别人的拥有，不让日子沦于黯淡，不让心绪陷于灰颓，这——是我们一生都需要努力去做的功课。